地政学から見る

スリランカ政治

植民地支配、分離独立主義と国民統合問題、政治経済危機

ぱすましり じゃやせーな
Pathmasiri Jayasena

大学教育出版

● スリランカ地図

ヤーパナヤ(ジャフナ)
カンカサントレ
マンナーラマ
(マンナール)
ワウニヤワ
トゥリークナーマラヤ
(トリンコマリー)
アヌラーダプラ
プッタラマ
ダンブッラ
マダカラプワ
(バッティカロア)
マハヌワラ
(キャンディ)
カルムネ
(カルムナイ)
ミーガムワ
(ニゴンボ)
ヌワラ・エリヤ
コラバ
(コロンボ)
バドゥッラ
スリ・ジャヤワルダナプラ・コーッテ
ラトゥナプラ
ガーッラ(ゴール)
ハンバントタ
マータラ

0   100km

スリランカには英国をはじめとするヨーロッパ列強による植民地支配の歴史があるため、
スリランカの地名は文献や国によって異なる。日本では、スリランカの地名は英国（英語）
由来のものが多い。本書では、上地図のように現地語のシンハラ語読みを用いている。

● 主要略語一覧

ACSA	Acquisition and Cross-Servicing Agreement	物品役務相互提供協定
ADB	Asian Development Bank	アジア開発銀行
AIIB	Asian Infrastructure Investment Bank	アジアインフラ投資銀行
APEC	Asia-Pacific Economic Cooperation	アジア太平洋経済協力
APTA	Asia-Pacific Trade Agreement	アジア太平洋貿易協定
ARF	ASEAN Regional Forum	東南アジア諸国連合地域フォーラム
ASEAN	Association of Southeast Asian Nations	東南アジア諸国連合
BRI	The Belt and Road Initiative	一帯一路構想
CSIS	Center for Strategic and International Studies	ワシントンの戦略国際問題研究所
EEZ	Exclusive Economic Zone	排他的経済水域
EPDP	Eelam People's Democratic Party	イーラム人民民主党
EUISS	European Union Institute for Security Studies	欧州安全保障研究所
EU	European Union	欧州連合
FAO	Food and Agriculture Organization	国連食糧農業機関
FDI	Foreign Direct Investment	対内直接投資
FOIP	Free and Open Indo-Pacific	自由で開かれたインド太平洋
FTA	Free Trade Agreement	自由貿易協定
GDP	Gross Domestic Product	国内総生産
IBRD	International Bank for Reconstruction and Development	国際復興開発銀行
ICRC	International Committee of the Red Cross Information and Communication Technology 赤十字国際委員会	
IDA	International Development Association	国際開発協会
IFAD	International Fund for Agricultural Development	国際農業開発基金
IMF	International Monetary Fund	国際通貨基金
IOR	Indian Ocean Region	インド洋地域
IORA	Indian Ocean Rim Association	環インド洋連合
IPEF	Indo-Pacific Economic Framework for Prosperity	インド太平洋経済枠組み
IPKF	Indian Peacekeeping Force	インド平和維持軍
JBIC	Japan Bank for International Cooperation	国際協力銀行
JICA	Japan International Cooperation Agency	日本国際協力機構
LLRC	Lessons Learnt and Reconciliation Commission	過去の教訓・和解委員会
LTTE	Liberation Tigers of Tamil Eelam	タミル・イーラム解放の虎
MCC	Millennium Challenge Corporation	ミレニアム・チャレンジ協定
NAM	Non-Aligned Movement	非同盟連合

● 主要略語一覧（つづき）

NC	National Congress　国民会議	
PA	People's Alliance　人民連合	
PGII	Partnership for Global Infrastructure and Investment　グローバル・インフラ投資パートナーシップ	
PBP	Partners in the Blue Pacific　青い太平洋におけるパートナー	
PTA	Prevention of Terrorism Act　テロ防止法	
RCEP	Regional Comprehensive Economic Partnership Agreement　地域的な包括的経済連携協定	
SAARC	South Asia Association for Regional Cooperation　南アジア地域協力連合	
SCRI	Supply Chain Resilience initiative　サプライチェーン強靱化イニシアティブ	
SJB	Samagi Jana Balawegaya　統一人民党	
SLC	Sea Lines of Communication　海上交通路	
SLFP	Sri Lanka Freedom Party　スリランカ自由党	
SLPP	Sri Lanka Podujana Peramuna　スリランカ人民党	
SOFA	Status of Forces Agreement　地位協定	
TICAD VI	Sixth Tokyo International Conference on African Development　第6回アフリカ開発会議	
TMVP	Tamil Makkal Viduthalai Pulikal　タミル人民解放の虎	
TPP	Trans-Pacific Partnership Agreement　環太平洋パートナーシップ協定	
TULF	Tamil United Liberation Front　タミル統一開放戦線	
TUF	Tamil United Front　タミル統一戦線	
NATO	North Atlantic Treaty Organization　北大西洋条約機構	
UN	United Nations　国際連合	
UNHRC	United Nations Human Rights Council　国連人権委員会	
UNF	United National Front　統一国民戦線	
UNP	United National Party　統一国民党	
WHO	World Health Organization　世界保健機関	

地政学から見るスリランカ政治
── 植民地支配、分離独立主義と国民統合問題、政治経済危機 ──

目　次

● スリランカ地図 ……………………………………………………………… *i*

● 主要略語一覧 ………………………………………………………………… *ii*

プロローグ ……………………………………………………………………… *ix*

● 本書の構成 …………………………………………………………………… *xv*

第1章　地政学と英米諸国の世界覇権から見るスリランカ

　1.　地政学研究の始まり　*2*

　2.　地政学の基本的な概念　*3*

　　(1) シー・パワーとランド・パワー　*3*

　　(2) ハート・ランドとワールド・シー　*4*

　　(3) リム・ランドとマージナル・シー　*6*

　3.　地政学の基本的な戦略　*7*

　　(1) バランス・オブ・パワー（オフショア・バランシング）　*7*

　　(2) 海上ルートとチョーク・ポイント　*8*

　　(3) バッファゾーン　*9*

　4.　インド洋の中のスリランカ ─ 地理的特徴とその影響 ─　*10*

　5.　インド洋での新たな動き　*12*

第2章　アイデンティティのダイナミズム
─ スリランカ国民・国家の成り立ち

　1.　民族・宗教と対立　*18*

　2.　スリランカ人と国民国家意識　*20*

　3.　古代〜中世：南インドからの侵略者との戦い　*22*

第3章　植民地支配の負の歴史
─ 分断社会はいかに生まれたのか

　1.　ヨーロッパ列強による地政学的対立と植民地支配　*30*

　2.　ポルトガルによる支配　*31*

　3．オランダによる支配　*33*

　4．大英帝国による支配　*35*

第4章　独立後のスリランカ政治
― 民族対立・分離主義とLTTEのテロを中心に

　1．「タミル人問題」の登場　*42*

　2．スリランカの政党政治とエスノ・ナショナリズムの台頭　*44*

　3．LTTEの出現・分離独立政策のテロ化　*49*

　4．対立の激化　*51*

　5．問題解決のための交渉　*53*

　6．2005年の大統領選挙からLTTEの打破へ　*54*

　7．英米諸国のラージャパクサ・アレルギー　*56*

　8．人権問題をめぐる英米諸国のダブルスタンダード（二重基準）
　　57

第5章　LTTEの打倒とその後のスリランカの政治
― スリランカが抱える内憂外患 ―

　1．2010年の大統領選挙前後の動き　*64*

　2．2015年の大統領選挙および議会選挙
　　― ラージャパクサ勢力の敗北　*66*

　3．汚職および透明性の欠如と経済や治安の悪化　*69*

　4．2019年大統領選挙および議会選挙　*70*

　　(1) 2019年11月の大統領選挙　ラージャパクサ勢力の復帰　*70*

　　(2) 2020年8月の議会選挙　二大政党が大きく後退　*72*

　5．スリランカを襲った3つの危機　*74*

　　(1) ホテルと教会が狙われたイースター同時テロ　*74*

　　(2) 新型コロナウイルス危機　*76*

　　(3) 経済危機から政治危機へ　*76*

　6．政治・経済危機の根本原因は大国間競争によるもの？　*78*

第6章 インド洋圏における大国間競争とスリランカ

1. インド洋圏における戦略的要衝としてのスリランカ　*82*

2. スリランカをめぐるインド太平洋戦略・FOIP 構想と BRI 構想の競合　*84*

　⑴ 2 つの構想 ― 南アジア秩序の変遷　*84*

　⑵ BRI 構想とスリランカ　*86*

　⑶ インド太平洋戦略・FOIP 構想とスリランカ　*89*

3. スリランカはインド太平洋戦略のテストケースになるのか　*95*

第7章 インド太平洋時代における日本とスリランカの関係

1. 日本とスリランカ関係の原点　*102*

2. 帝国主義のレガシーとポストコロニアル時代　*104*

3. スリランカにおける地政学的対立と日本の戦略的利益　*107*

4. 人間の安全保障と ODA　*110*

5. 開発パートナーとしての日本　*112*

6. 地政学的パートナーシップの強化　*114*

7. 今後の見通しと課題　*117*

エピローグ ……………………………………………………………………… *123*

● 主な参考文献 ………………………………………………………………… *129*

あとがき ― 謝辞に代えて ………………………………………………… *133*

プロローグ

　2023年現在、スリランカは政治・経済危機に直面している。そう言われたとしても、中低所得国[1]スリランカの今の危機がアフリカや中東のそれとどのように違い、いかなる問題を生んでいるのかをすぐに答えられる人はほとんどいないだろう。

　西側のメディアは、これまでスリランカの政治・経済危機について数多くの報道をしてきた。スリランカは新型コロナウイルス感染拡大の影響により外国からの観光客が激減し、外資の流入が減少した結果、外貨不足になった。そして年間45億ドルの対外債務の返済が滞り、政治・経済危機に陥り、大国間競争の板挟みになってしまっている。こうしたニュースを一度も耳にしたことがない人はいないだろう。

　1948年の独立以来、アジアにおける民主主義のモデル国として、発展途上国では類を見ないほどの「人間開発」を誇ってきたスリランカが、今、政治的・経済的危機に直面し、債務不履行に陥っているというのは、どういうことだろうか[2]。筆者は2023年8月末から9月中旬にかけてスリランカに滞在し、アカデミアや一般市民と交流を重ねたが、アフリカの一部地域のように病気に罹った際に医者に診てもらえないわけでもなければ、餓死する人がいるわけでもない。

　そのように考えると、西側諸国の大多数の人がイメージする「政治・経済危機、債務不履行問題」と、スリランカの現状に少なからずギャップが生じるかもしれない。今のスリランカの人々の生活はそれほど豊かではないにせよ、武力紛争が絶えない国や地域に比べれば、戦争や紛争がないという意味では「平和な国」なのかもしれない。しかし、経済的なデータを見るとスリランカは厳しい状況にあることがわかる。よって、スリランカの実態を本質的なところで理解するには、統計だけではなく、むしろその裏にあるリ

アルに目を向ける必要がある。スリランカの危機がどういったものかを知るには、まずスリランカの地政学を理解しなければならない。スリランカが直面している政治・経済問題は、ほとんどがスリランカの地政学と関係しており、スリランカの地政学を知ればこの国のいびつさが見えてくる。要するに、スリランカの混乱の背景には、米国と中国がインド洋の覇権をめぐって「新グレートゲーム」ともいえる戦略的闘争を行っていることが深く関係している。こうしたスリランカおよびインド洋での動きを正確に理解するには、地政学的な視点が不可欠であろう。

　今日、スリランカは南アジア地域の中では比較的平和で安全な国と考えられている。これは、2009 年にスリランカの反政府武装組織「タミル・イーラム解放の虎 = Liberation Tigers of Tamil Eelam：以下、LTTE[3]」が消滅した後に達成された。その後の「紛争の不在」は、「平和の配当」に対する国民の期待を高めた。ところが、国民の期待とは裏腹に、スリランカの国家安全保障は大きく破られ、2019 年以降は政治経済危機が発生し、不安定な状況に陥っている。先にも述べたように、現在、スリランカが直面している危機的な状況は地政学で読み解くことができる。すなわち、スリランカでのLTTE の全滅と時期を同じくして国際社会でもパワーバランスの変化が起き始めていた。それは、中印の台頭に伴う両国のインド洋地域でのプレゼンス拡大と、米国の中国に対抗するための「リバランス政策（rebalance policy）」によるものである。中国は習近平国家主席が 2013 年に初めて打ち出した「一帯一路構想（The Belt and Road Initiative：以下、BRI）」に基づき、この地域でのインフラ整備や通商拠点の整備を進めている。中国の狙いは、アジアとヨーロッパを陸路と海上航路でつなぐ物流ルートをつくり、貿易を活発化させ、経済成長につなげることとされる[4]。これに関連して、港湾、輸送、エネルギーなどのスリランカの重要産業への中国の投資が増加しており、特にこの地域の他の利害関係者（インド・米国・日本・オーストラリアなど）の観点からすると、厄介なものになっている。

　BRI構想の発表以前に米国のオバマ（Barack Obama）大統領はオースト

ラリア議会において、米国の外交・安全保障政策の新たな方針「アジアへの転換（Pivot to Asia）」を発表していた[5]。つまり、オバマ政権の下で2011年に「アジアへの転換」戦略を開始し、2012年には「戦略的リバランス（strategic rebalancing）」として発展させ、アジア太平洋地域への強力な軍事的コミットメントを伴うシフトが行われた[6]。アジア太平洋地域へのリバランスとは、米国の戦略的重点をアジア太平洋地域に転換するというものである[7]。その後、2021年9月15日に米英豪3カ国による軍事同盟「オーカス（AUKUS[8]）」も発足した。この同盟は、集団防衛および、環太平洋地域とインド太平洋地域における米英側諸国の軍事的プレゼンスを強化することを目的としている[9]。それから少しして、米国が2022年2月に発表した「インド太平洋戦略」では、中国は「最も手ごわい競争相手」とされた[10]。2022年にバイデン政権は、インド太平洋地域の重要性を示し、「インド太平洋経済枠組み（Indo-Pacific Economic Framework for Prosperity：以下、IPEF）」や、「青い太平洋におけるパートナー（Partners in the Blue Pacific：以下、PBP[11]）」「グローバル・インフラ投資パートナーシップ（Partnership for Global Infrastructure and Investment：以下、PGII[12]）」等の枠組みを次々と打ち出している。こうした方針が打ち出された背景として、中国のインド太平洋地域でのプレゼンス拡大に拍車をかける狙いがある[13]。

　一方、日本政府は「インド太平洋」を政策的な概念として「自由で開かれたインド太平洋（Free and Open Indo-Pacific：以下、FOIP）」外交構想を、2016年8月にナイロビで開催された第6回アフリカ開発会議（Sixth Tokyo International Conference on African Development：以下、TICAD VI[14]）で打ち出している。翌年（2017年）11月に初訪日したトランプ米国大統領はFOIPを自らの地域戦略に取り入れ、日本政府とFOIPで合意している。その中核には日米豪印4カ国が構成する安全保障協力枠組み「クワッド（以下、QUAD）[15]」が据えられている。QUADは「自由で開かれたインド太平洋」戦略を強調し、アジア地域の地理的範囲を公式にインドまで拡大し、同地域におけるルールに基づく秩序を主張した[16]。この新構想は、成長著し

いアジアと大きな潜在力を秘めたアフリカ地域でインフラ開発支援を行い、地域のコネクティビティを高めるとともに、二つの地域を結ぶインド洋と太平洋で航行の自由と法の支配を強化することを目指すものとしている [17]。要するに、FOIP構想は、「環太平洋パートナーシップ協定（Trans-Pacific Partnership Agreement：以下、TPP）」や「地域的な包括的経済連携協定（Regional Comprehensive Economic Partnership Agreemen：以下、RCEP）」を始めとする多国間経済連携協定の交渉を通じた自由で公正なルール作りの実現を目指している。スリランカは戦略的に重要な、両陣営の政策目標を実現する上で理想的な位置にあるため、両陣営の対立の原因となっている。

　このように、インド洋地域のほぼ中央に位置する小国スリランカが、あらためて注目を集めている。その背景に、「インド洋の中心に位置する島国」という地政学的な特殊性が関係していることは明らかである。その結果、大国間の「闘争」に巻き込まれているスリランカは、対外戦略や安全保障の諸問題の解決に苦慮している。上記のようなスリランカに対する注目度の高まりを受け、本書では、現在、スリランカが直面している「政治・経済危機」を地政学と歴史から読み解くことにした。過去は現在を映す鏡であり、現在とつながる過去を地政学的な知見を用いて分析することで、なぜスリランカが政治的にも経済的にも独立できないのかを理解することができるであろう。つまり、地理・歴史・民族の3枚のレンズを通すと、スリランカ固有の事情が浮かび上がってくる。これまで筆者はスリランカおよび南アジア地域の政治・経済問題の現場をおおよそ25年にわたって見てきた。本書では、そこで得た体験や知見も踏まえて大国間競争のなかで揺れ動いてきたスリランカ政治の展開を分析し、現状を考えてみたい。

注

1)　JICA（日本国際協力機構）「主要国所得階層別分類（国連及び世銀の分類による）」、入手先：〈https://www.jica.go.jp/Resource/activities/schemes/finance_co/about/standard/class2012.html〉．閲覧日：2023年11月12日。

2)　スリランカの人間開発指数（HDI）（値）0.77（2014年）、0.77（2015年）、0.77（2016年）、0.78

（2017 年）、0.78（2018 年）、0.780（2020 年）、0.782（2021 年）。HDI は、健康長寿、知識、適正な生活水準といった 3 つの側面から測定される総合指数で、0～1 の間で表される。1 が最も先進的な国である。ちなみに、日本の HDI は、2001 年の 0.86 点から 2020 年には 0.92 点へと、年平均 0.37％ の伸びを示している。入手先：United Nations Development Programme (UNDP)、Human Development Report 2020/2021、入手先：〈https://www.dailymirror.lk/latest_news/SL-ranks-73-out-of-191-countries-in-latest-Human-Development-Index/342-244794#:~:text=Sri%20Lanka%20scored%200.782%20points%20in%20the%20latest,Sri%20Lanka%20had%20an%20HDI%20score%20of%200.780〉. 閲覧日：2023 年 11 月 12 日。

3) LTTE は、スリランカ北部と東部にタミル人独立国家の樹立を目指す武装組織だった。1976 年に結成され、2009 年にスリランカ軍によって指導者が殺害されるまで存続した。LTTE は、自爆テロを含む数々のテロ攻撃を行い、子ども兵士の使用で知られていた。〈https://www.britannica.com/biography/Chandrika-Bandaranaike-Kumaratunga〉を参照。

4) Xi Jinping's Speech delivered at the 19th National Congress of the CPC, October 18, 2017. 入手先：〈http://www.xinhuanet.com/english/download/Xi_Jinping's_report_at_19th_CPC_National_Congress.pdf〉閲覧日：2021 年 4 月 23 日。

5) "Remarks by President Obama to the Australian Parliament," The White House,（November 17, 2011）、入手先：〈https://obamawhitehouse.archives.gov/the-press-office/2011/11/17/remarks-president-obama-australian-parliament〉閲覧日：2023 年 10 月 24 日。

6) Harsh V. and Joshi, Yogesh. 2015. The American "Pivot" and the Indian Navy. Naval War College Review 68, No.1. 入手先：〈https://digital-commons.usnwc.edu/nwc-review/vol68/iss1/5.〉閲覧日：2023 年 7 月 26 日。

7) 久保文明ほか『アジア回帰するアメリカ ── 外交安全保障政策の検証』NTT 出版、2013 年、P.103。

8) オーカスは、2021 年 9 月に米英豪の 3 カ国によって発足合意に至った軍事・安全保障上の同盟の枠組みである。この同盟は、太平洋を中心とする海域の軍事的主導権を握る対中国戦略の枠組みともされる。

9) Ward, Alexander（2021 年 9 月 15 日）、入手先：〈"Biden to announce joint deal with U.K. and Australia on advanced defense-tech sharing" Politico〉、閲覧日：2023 年 10 月 14 日。

10) バイデン政権は 2022 年 10 月 12 日に発表した国家安全保障戦略において、中国を「国際秩序を再編する意思と能力を持つ唯一の競争相手」と規定している（The White House, "National Security Strategy," October 2022, p.8.）。

11) PBP は、日米英豪とニュージーランドの 5 カ国による太平洋島嶼諸国に対する非公式な枠組みであり、2022 年 6 月 23 日・24 日にワシントン D.C. で第 1 回の高級実務者会合が開催された。参加各国は個別または協力して、地域主義や主権を尊重し、透明性をもった説明責任のもと、太平洋島嶼諸国に各種の支援を行うことを目的としている。

12) PGII は、G7 が立ち上げたイニシアチブで、民間セクターやパートナー国と連携し、気候変動

およびエネルギー危機の是正、サプライチェーンの強靭性の向上、デジタル・インフラや交通
網を通じた連結性の強化、より強く持続可能な保健システムの改善、およびジェンダー平等の
進展に資する投資を推進している。外務省〈https://www.mofa.go.jp/mofaj/ic/gic/page6_000774.
html〉を参照。

13) Saunders, "China's Rising Power," pp.27-28.

14) TICAD VIは、2016年8月27日から28日にかけて、ケニアのナイロビで開催された。アフリ
カの経済発展を促進するために、日本が主催したもので、アフリカ諸国の首脳や国際機関の代
表者が参加した。会議では、アフリカの経済発展に向けた取り組みが話し合われ、成果文書と
して「TICAD VIナイロビ宣言」が採択された。外務省〈https://www.mofa.go.jp/mofaj/af/af1/
page3_001785.html〉を参照。

15) QUADとは、「Quadrilateral Security Dialogue」の略語で、英語で「4つ」を意味する言葉に由
来する「日米豪印戦略対話」と呼ばれる多国間枠組みを指す。

16) Ayres, Alyssa. Trump's South Asia policy. 入手先：〈http://www.india-seminar.com/2019/715/715_
alyssa_ayres.htm.〉閲覧日：2019年3月6日。

17) 外務省「TICAD VI開会に当たって・安倍晋三日本国総理大臣基調演説」（2016年8月27日）、
入手先：〈https://www.mofa.go.jp/mofaj/afr/af2/page4_002268.html〉閲覧日：2023年10月25日。

● 本書の構成

　第1章では、まず地政学の基本概念と、地政学的観点から見たスリランカの地理的特徴とその影響について、問題意識を整理しながら概観する。

　第2章と第3章では、スリランカ社会の複雑な民族的・宗教的構成と、スリランカの歴史から見たその特徴を説明する。スリランカの政治史は、王朝時代、植民地時代と続き、その上に現代のスリランカがある。スリランカは1948年に大英帝国から独立したが、第3章では独立に至るまでのスリランカの政治史の全体像を概観する。特に、大英帝国統治時代に確立されたさまざまな制度と、それに対する独立運動は、現代のスリランカの政治と社会を理解する上で欠かせないものである。

　第4章では、独立後にスリランカがどのような国家の実現を目指したのか、また民族統合・独立維持・民族対立・紛争にどのように対応していたのかを解説する。独立後、スリランカではシンハラ人とスリランカ・タミル人の間で政治的、経済的、社会的優位性をめぐる対立が見られ、1983年の7月から2009年5月まで凄惨な「武装闘争」が続いた。ここでは、この対立の発生から拡大、インドをはじめ外国の介入と失敗、苦難の末にLTTEの全滅に至った過程を分析する。LTTEの全滅前後のスリランカ政治は、スリランカが直面する内外の問題とラージャパクサ政権の外交政策の変化に象徴される。

　第5章では、LTTE壊滅作戦時の人道上の問題をめぐって欧米諸国と対立する中、復興・開発に必要な多額の資金をいかに得たのか、近隣のインドや中国、さらには文化的にも地理的にも遠い欧米諸国がスリランカの内政にどのように関与していったのか、スリランカの内政に焦点を置きながら検討する。

　第6章では、中国が2013年に提唱した、シルクロードを通じてアジア、中東、欧州を陸路と海路で結ぶ経済圏構想「一帯一路構想」と、米国が2018年に発表したインド太平洋地域の政治・経済・安全保障の総合戦略「インド太平洋戦略」について、スリランカを中心に考察する。

　アジアの歴史上、日本と中国が同時に大国として競い合った時代はない。明治維新以降、日本は近代国家として発展し、戦後もアジアの経済大国としての地位を維持してきた。一方、中国は「屈辱の世紀」を乗り越え、大国としての地位を取り戻しつつあるが、日本がFOIPで掲げる「自由、民主主義、法の支配」という点では中国と乖離がある。第7章では、日本とスリランカの関係を中心に中国と日本の政策を検証し、スリランカがどのように対処すべきかを探る。

　そして、エピローグでは、「スリランカが受けた数々の侵略・植民地支配」「ポスト植民地」「新グレートゲームとスリランカの政治・経済危機」について、歴史的経緯をふまえながら、地政学的な枠組みから解釈し、スリランカのとるべき外交政策について述べる。

第1章
地政学と英米諸国[18]の世界覇権から見るスリランカ

■ 1. 地政学研究の始まり

　地政学（Geopolitics）とは、地理的要因に基づく国の政策や特徴を研究する学問である。地理的な位置は、その国の国内政策や外交政策に大きな影響を与える。はるか昔から、戦争や貿易で人々が物理的に移動できる距離や、そうした移動に適した地形など、地理に関する知識は存在していた。この知識を戦略的に最初に活用したのが、1800年代後半のプロイセン王国（現ドイツ）である。当時、ヨーロッパの列強は領土拡大や植民地獲得のため、世界各地で熾烈な戦いを繰り広げていた。やがて、それぞれの国や地域の事情に合わせて戦い方を工夫するようになり、それが地政学と呼ばれるようになった。このように、地政学は西洋帝国主義と結びついて発展した学問と言える。

　ここで、地政学の発展に大きく貢献した研究者について振り返ってみよう。海洋に着目した米国の海軍士官・歴史家のアルフレッド・マハン（Alfred Thayer Mahan、1840〜1914）は「世界海洋論」、すなわちシー・パワーとランド・パワーの概念を提唱し、大陸に着目した英国のハルフォード・マッキンダー（Halford John Mackinder、1861〜1947）はマハンの主張を引き継ぎ、「ハート・ランド理論」を唱えた[19]。その後、第二次大戦中に米国のニコラス・スパイクマン（Nicholas Spykman、1893〜1943）は、「国力のみが対外政策の目標を達成できるため、その相対的向上が国家の対外政策の第一目的である」と述べ、国家は「勢力均衡」を保つために権力闘争（パワーポリティクス）に専念すべきとした。スパイクマンは、マッキンダーが唱えた「ハート・ランド」の拡大を防ぐためには「リム・ランド」への介入が重要とし、「リム・ランドを支配するものがユーラシアを制し、ユーラシアを支配するものが世界の運命を制す」とした[20]。こうした考え方は、米国の第二次世界大戦後の「封じ込め政策」に代表される「介入主義」の理論的基盤になったとされる[21]。

　一方ドイツでは、地理学者フリードリヒ・ラッツェル（Friedrich Ratzel、1844〜1904）が著書『政治地理学』の中で、国家は生きた有機体であると主張し、「生存圏・国家が自給自足を行うために必要な、政治的支配が及ぶ領土」という考え方を提唱した。ルドルフ・チェレン（Johan Rudolf Kjellén、1864〜1922）はラッツェルの思想をさらに体系化し、1916年に「地政学」という用語を生み出したが、この2人の概念の根底にあるのは、「先進的で優れた文化を持つ国家は、劣った文化を持つ国家から領土を奪う」という法則である[22]。第二次世界大戦前に活躍した将軍ハウスホーファー（Karl Ernst Haushofer、1869〜1946）も、ランド・パワー（大陸国家）ドイツの向かうべき方向として、東方拡大と植民地拡大を提唱した。彼の考えは、ヒトラーの「強いドイツ」という野望と重なるとされる。

　こうして地政学の基礎が完成し、体系化された。当時考えられた理論の多くは、今日の外交・安全保障戦略にも活かされている。たとえば、軍事・防衛拠点の獲得、資源開発拠点の獲得、資源・物資の輸送ルートの開発と維持、緩衝地帯の防衛など、各国がとる戦略の背景には現実的な理由がある。その象徴的な舞台の一つが、スリランカの「政治・経済危機」にも深く関わっている、中国中心の陣営と米国中心の陣営が「インド太平洋地域 = Indo-Pacific Region」で繰り広げている「新グレートゲーム = New Great Game」である。

2. 地政学の基本的な概念

(1) シー・パワーとランド・パワー

　すでに述べたように、シー・パワーとランド・パワーはマッキンダーが提唱した地政学の基本概念である。ランド・パワーとはユーラシア大陸内部の大陸国家を指し、ロシア、ドイツ、フランスはランド・パワーに分類される。これらの国は道路や鉄道を利用した陸上輸送能力に優れており、陸上戦

力を持っている。一方のシー・パワーとは、国境の多くを海に囲まれた海洋国家のことで、大きな島とみなされる米国や英国などのことである。大航海時代以前のヨーロッパでは、ユーラシア大陸中央部（ハート・ランド）を拠点とするマジャール人やモンゴル人などのランド・パワーが脅威となっていたが、クリストファー・コロンブス（Christopher Columbus、1451～1506）による新大陸発見以降、ポルトガルやスペイン、さらにはオランダ、英国などヨーロッパのシー・パワーが世界の海洋に進出するようになると、シー・パワーがランド・パワーを優越する時代が到来した。近代（19世紀～20世紀後半）になると、鉄道の発達にともない、再びロシアやドイツなどのランド・パワーが台頭するようになる。20世紀後半からは、第二次世界大戦勝国である米国や英国、その支援を受けた日本といったシー・パワーの国が台頭し、世界の富を手中に収めることになった。近年では、ランド・パワーに分類される中国がシー・パワーとして台頭しており、インド太平洋地域で「競合」が繰り返されている。

（2）ハート・ランドとワールド・シー

　シー・パワーとランド・パワーは、国の勢力の性質を示すものだが、地球上の領域に関する重要な概念が、「ハート・ランド」と「ワールド・シー」である。マッキンダーが唱えたハート・ランドは、ユーラシア大陸の中心部で、現在のロシア領土にあたる。寒冷で雨量が少なく、平坦な平野が多い地域である。北部は長い間氷に覆われ、北極海はつねに凍っているため、海洋からのアクセスが不可能で、このエリアは難攻不落の安全地帯とされる。マッキンダーは、この安全地帯を「ハート・ランド」とし、「ハート・ランドを制するものは世界を制する」と主張した。

　しかし、ハート・ランドを抱えるロシアは、防衛面では有利だが、逆に攻撃面では不利だと考えられている。不凍港がなく、軍艦の航行に必要な海路の確保が難しいとされる。そのため、ロシアは「南下政策」と呼ばれる南へ下り、地中海や太平洋に出る海上ルートの確保に躍起になっている。ロシア

による 2014 年のクリミア併合や、2022 年から始まるウクライナでのいわゆる「特別軍事作戦」も、ロシアの安全保障問題に関連しているとの見方がある。

　一方、前記のハート・ランドとは対照的なのが、米国のマハンが提唱した「ワールド・シー論」であり、ハート・ランドの海洋版と考えられている。マハンは、ランド・パワーのフランスがシー・パワーの英国に敗れたナポレオン戦争のように、大西洋や太平洋、インド洋といった大海洋を支配するものが世界の覇権を握ると主張した。

　マハンはインドの戦略思想家たちから頻繁に引用されており、その中にはマハンの発言とされる次のようなものがある。「インド洋を支配するものはアジアを支配する。この海は 21 世紀の 7 つの海の鍵であり、世界の運命はこの海で決まる」。彼は、英国の制海権の拡大と、それに伴うヨーロッパの主要ライバルの海軍力の低下とが相まって、英国が世界の軍事、政治、経済の支配者として台頭する道を開いたと主張した[23]。要するに、大英帝国の海軍力は、「太陽が沈まない国」という広大な帝国を築く上で大きな役割を果たした。アジアでいうと南インドのチョーラ朝がスリランカや東南アジアの一部に勢力を拡大するために利用したように、シー・パワーは海外征服に不可欠である。

　今日、インド[24] をはじめさまざまな国が海軍力の拡大に努めているため、シー・パワーの重要性はより強調されている。中国が南シナ海と東シナ海を軍事化しているのも、インド太平洋や地中海の他の地域に手を伸ばしているのも同じ理由からであろう。米国を追い越すという「中国の夢」は、軍事力によるところがあり、シー・パワーはその主要な構成要素である。

　しかし、シー・パワーが世界政治において重要な要素であることに変わりはないが、それだけではないことは注目に値する。21 世紀の国家の運命を形作る上では経済力、技術の進歩、ソフト・パワー（soft power）といった他の要素も重要な役割を果たしている。

(3) リム・ランドとマージナル・シー

　ハート・ランドとワールド・シーには、それぞれ発展系として、リム・ランドとマージナル・シーという概念がある。ランド・パワー理論を唱えたマッキンダーがハート・ランドに注目したのに対し、ニコラス・スパイクマン（1893〜1943年）は、温暖な気候のリム・ランドと呼ばれる地域に注目した。なお、スパイクマンは英国の地政学者マッキンダーの「シー・パワー対ランド・パワー」などの基本概念を受け継いでおり、2人が想定している世界戦略の間にそれほど違いはないとされる。しかし、スパイクマンは、マッキンダーがほとんど考慮しなかったリム・ランドとエア・パワーの重要性を認識していた点で際立っていた。ここで言うリム・ランドとは、古くから文明や都市が発展してきたハート・ランドの周辺エリア（リム）である。リム・ランドには、ヨーロッパや中東、中央アジア、東アジア、東南アジアなどが含まれるが、英国や米国、日本は含まれない。歴史的に、大規模戦争の多くはこの地域で勃発しており、現在でもその傾向は変わらないといえる。スパイクマンは、リム・ランドの争奪が第2次世界大戦の原因になったとし、大戦後はソ連や中国が侵入すると予言した。その予言どおり、リム・ランドを舞台とした朝鮮戦争やベトナム戦争が起きた。

　一方、リム・ランドの海洋版が、「マージナル・シー」である。リム・ランドのフチは海に面しているが、その海は地政学では「マージナル・シー」と呼ばれ、リム・ランドの外側の島や群島、半島によって囲まれた海を指す。リム・ランドの支配がハート・ランドの支配につながるように、マージナル・シーの支配は、ワールド・シーの支配につながる。よって、マージナル・シーは、地政学的にもっとも重要なエリアになる。スリランカ周辺でいえば、スリランカ海、ベンガル湾、アンダマン海などはそのマージナル・シーにあたる。加えて、現代において、このマージナル・シーは、中東の石油資源、アフリカのレアメタルなどの希少金属資源を運ぶ国際シーレーンの要衝である（図1-1）。

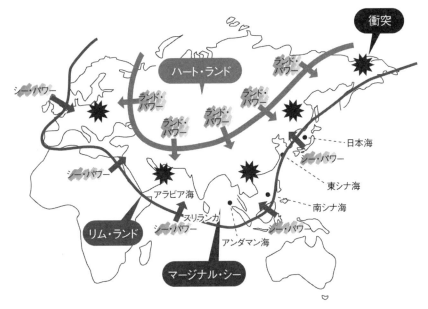

図1-1　ハート・ランドとリム・ランドの特徴

3. 地政学の基本的な戦略

　地政学では、国同士のコントロール、つまり相手より優位に立ち、相手を
管理するための重要な戦略がある。そのうち、代表的なものは以下のもので
ある。

(1) バランス・オブ・パワー（オフショア・バランシング）

　支配的な大国を作るのではなく、力を対等な立場に保つことで秩序を維持
するという国際関係の概念である。このバランスが崩れると混乱が生じ、戦
争が起こるとされる。地政学的なパワーバランスの典型例は、大英帝国と
ヨーロッパ大陸の関係である。シー・パワーである大英帝国は、一貫して
ヨーロッパ大陸に対してバランス・オブ・パワー戦略を適用してきたとされ

る。例えば、第二次世界大戦で、ヒトラー率いるナチス・ドイツがヨーロッパ大陸で領土を拡大していくのを危険と考えた英国は、ドイツと戦うかつての敵国フランスやソ連に協力した。つまり、英国はヨーロッパ大陸に強大な勢力が出現したときだけ、大陸の国家と協力して戦い、その後世界を征服したのである。

　冷戦終結後、米国は「オフショア・バランシング」と呼ばれるこの戦略に基づく外交を展開してきた。つまり、米国は相手国の領土に踏み込まず、ある程度離れたところから監視し、必要に応じて間接的にコントロールしているのである[25]。現在世界の覇権国である米国は、世界各地にある基地を活用して、米国を脅かす勢力と戦っている。たとえばインド洋の場合、米国の支配を脅かす存在はもはや中国しかない。したがって、「敵の敵は味方」と言われるように、米国は中国と敵対するインドとの協力関係を強化することで、中国を封じ込めようとしている。

(2) 海上ルートとチョーク・ポイント

　昔も今も大規模な物流の中心はシーレーンであり、国家の運営においてシーレーンは命網である。チョーク・ポイントとは、この海上ルートを航行する上で絶対に通る海峡や狭い水域など、通行が制約される地点のことであり、アジアでいうと、ホルムズ海峡、コロンボ港・ハンバントタ港、マラッカ海峡のような主要拠点を結ぶ重要な海上ルートで、世界貿易や物資の輸送に欠かせないものである（図1-2）。

　海上ルートをコントロールするには、他国が直接支配するチョーク・ポイントと補給用の拠点をおさえる必要がある。チョーク・ポイントをおさえるだけで、海上ルートをコントロールでき、同時に低コストで周辺国にまで大きな影響力を持つことができる。

　現在、世界の多くのチョーク・ポイントや拠点をおさえているのが米海軍である。米海軍が世界の覇権を握れるのは、海上ルートとチョーク・ポイントを制する海軍力があるからとされる[26]。中国はこの米国の優位性に挑戦

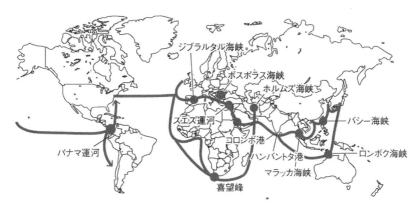

図1-2　世界の主要チョーク・ポイントと拠点

しており、米国は同盟国と協力して中国を抑え込もうとしている。これが現在のスリランカを苦しめている主な原因でもある。

(3) バッファゾーン

　地政学では、バッファゾーン（緩衝地帯）という概念も重要である。対立する複数の大国に囲まれた小国や中立地帯をバッファゾーンと呼ぶ。大国同士が直接国境を接すると紛争のリスクが高まるが、バッファゾーンが存在すればそれは軽減される。一方で、バッファゾーンでは大国同士の代理戦争が起きやすいという一面もある。その典型的な例が、ロシアと欧米側のバッファゾーンであるウクライナで2022年から続いている戦争だと言われている。

　これまで見てきたように、地政学は現代においてもグローバル政治における主権国家の行動を説くものとして重視される。

　今、スリランカ社会の根底で何が起きているのか。スリランカにおける地政学のリアルな姿を見てみよう。

■ 4. インド洋の中のスリランカ ― 地理的特徴とその影響 ―

　古くから「インド洋の真珠」や「セレンディップ = Serendip」などと呼ばれているスリランカは、人口約 2200 万人、面積は日本の6分の1（北海道よりやや小さい）ほどの島国である。しかし、この国の社会構造と取り巻く国際環境の複雑さは、小国のそれではない。南アジア地域のほとんどの民族、宗教がこの国に存在しており、言語や生活習慣もそれぞれの民族や宗教によってバラバラである。しかしながら、人口の7割強が仏教徒で、「インド洋に浮かぶ仏教の聖地」という別の顔も持っており、仏教遺跡などの世界遺産がそれを物語っている。そこには先祖の心が反映されているとともに、スリランカの国柄の由来を読み取ることができる。

　前述のとおり地政学上、国土の形や位置には非常に重要な意味があり、その国の国柄（文化や政治経済の仕組）などと同様に国のふるまいに大きく関与する。島国スリランカは、海という天然の要塞に囲まれており、海は身近なものである。地理はこの国をインド洋と結びつけ、その運命はこの戦略的水域（インド洋）と密接に関連している。スリランカは、領域よりもかなり広い排他的経済水域（Exclusive Economic Zone：以下、EEZ）を持っており、その資源をうまく活用すれば大規模な雇用創出、富の創出、外国為替および貿易の可能性が広がる。しかし、スリランカはこの広大な水域を最大限に活用できていないのが現状だ。

　インド洋は人類が最初に越えた海とされる [27]。考古学的な証拠によると、約 6000 年前に東（現在の中国・台湾）の人々が東南アジアとオセアニアに移動したことがわかっている [28]。明王朝時代の鄭和（ていわ）将軍の遠征は、中国人がインド洋に到達した最初の証拠とされる [29]。鄭和は 1403 年から 1433 年にかけて、6回の遠征を行ったとされる。これらの遠征隊は、ジッダ（Jeddah [30]）からスワヒリ海岸 [31] まで、インド洋沿岸を一周したとされる [32]。同様に、9〜14 世紀の東南アジアのインド化された王国（アンコール王朝）

と、この地域におけるインドの文化的支配は、軍隊と商人が湾（拠点）を越えてインドから東南アジアと東アジアに移動したことを証明している。この大航海時代に、ポルトガルはアフリカ大陸の最南端を迂回し、インド航路を開拓したとされる[33]。

　ポルトガルがインド洋に進出すると、インド洋はいくつかのヨーロッパ列強に支配されるようになった。ポルトガルが1511年にマラッカ（チョーク・ポイント）を占領すると、インド洋での譲歩航海が開始されることになる。1560年代以降、チッタゴン（Chittagong）などに住み、そこで活動していたポルトガルの商人や傭兵は、この地域の海上貿易にかなりの影響を与えたとされる[34]。この頃、ポルトガル、オランダ、英国、フランスの東インド会社は、インド洋全体に足場を築き、植民地拡大に乗り出した。そして、英国は1800年代にインド、スリランカ（当時のセイロン）、ミャンマー（当時ビルマ）、マレーシア（当時のマラヤ）で植民地支配を強化した。

　英国は、ポルトガルとオランダを倒した後、この地域で軍事、経済、政治を支配する最も強力な勢力となった。インド洋での支配権を得るために、英国と他のヨーロッパ勢力およびアジアの大国との間で複数の戦いが繰り返された。英国は7つの海を支配することになるが、それは大洋の全体をくまなく支配したわけではない。基本的には、ジブラルタル海峡から南アフリカの喜望峰、中東、スリランカ、マラッカ海峡、香港に至る海上交通路（Sea Lines of Communication：以下、SLC）の要衝をおさえるという地政学的戦略であった。

　その後、第二次世界大戦中、インド洋は連合国陣営（英国、米国、フランス、中国、ソ連など）が日独伊三国同盟を中心とする枢軸国陣営と戦う戦場となった。大日本帝国軍は1942年にマラヤ（現マレーシア）、ビルマ（現ミャンマー）、シンガポール、シャム（現タイ）を征服し、その後の世界大戦後の非植民地化につながっていった。

　再び第二次世界大戦後の世界では、社会主義陣営をさらに拡大させようとするソ連と、それを食い止めようとする米国による、リム・ランドとマージ

ナル・シーでの攻防戦がくり広げられた。それゆえ、インド洋地域は米ソの覇権争いの温床となった。つまり、ワシントンとモスクワの両方が、新たに植民地から解除された国々を自陣営に引き入れようとして、インド洋地域における政治的影響力を競い合ったのだ。ソ連の指導者たちがソ連インド洋戦隊の設立を決定し、インド洋に相当数の海軍を配備したとき、ワシントンは西オーストラリアとディエゴ・ガルシア島（Diego Garcia）に通信施設を設置し、インド洋全体をカバーする形で監視することになった[35]。

　このような冷戦による安全保障上の脅威の高まりにより、国連総会は1971年12月に決議2832を可決し、インド洋を「平和地帯（Peace Zone）」と宣言した。この時、スリランカは非同盟連合（Non-Aligned Movement：以下、NAM）を率いて、インド洋が超大国の戦場にならないように働きかけたのだ。この歴史は、インド洋における21世紀の覇権争いへの前兆と捉えることもできる。さらに、これらの地政学的展開は、リム・ランドやマージナル・シーに位置する沿岸国の運命を形作ってきたといえよう。

5.　インド洋での新たな動き

　21世紀に入ると、インド洋は太平洋とともに地政学的な争奪戦の中心舞台となった。インド洋地域の地理的な特徴に注目すると、スリランカの地政学的な優位性が読み取れる。スリランカの沖合は世界的な重要航路として知られる、アジアとアフリカ、中東をつなぐ国際シーレーン[36]の中心部に位置し、世界の石油輸送の3分の2を担っている[37]。中国の石油輸入の84％、日本の石油輸入の90％は、中東とアフリカからインド洋を通って輸送されている[38]。さらに、スリランカは、インドをはじめとする南アジアの巨大市場に近いだけではなく、近年経済規模を拡大しているインド洋圏[39]・環インド洋経済圏の中心に位置する港湾立国でもある。要するに、スリランカの地理的位置がホルムズ海峡からマラッカ海峡に至るシーレーンの真ん中に位

置するため、海洋貿易やエネルギー調達の盛んな大国にとって戦略的に重要な国と見られ、世界から注目される存在となっている。そして、この国は深海の港とその周辺の航行可能な水域を利用して、インド洋の「マリタイム・ハブ」になるのに理想的とされる。

　現在、インド洋と太平洋では、主に中国の台頭により、新しい争奪戦が始まっている。つまり、米国と中国の間で、インド太平洋地域における軍事的優位性を獲得するための競争が進行中である。「新しい冷戦・新グレートゲーム」とも言えるこの「せめぎ合い」は、資源、市場、軍事基地に関するものである。この競争は、経済、テクノロジー、サイバースペースで「価値や規範」が競合する「1つの世界、2つのシステム」につながる可能性がある。それは、各国が経済的に相互依存しつつ、戦略的に競争する世界を意味する。こうした競争は、サプライチェーンの混乱と経済の減速につながるのであろう。

　このように大国の関与が積極的になっており、ミドルパワーをはじめ各国が軍事力を拡大する中、安全保障をめぐる情勢は不透明感を増している。このような背景のもと、スリランカのような小国は、一方の超大国を相手に味方するか、戦略的にバランスを取りながら各国から利益を得るか、という選択に迫られている。スリランカは、戦略的に重要なシーレーンに沿った地点に位置しており、その支配権は、米国主導のインド太平洋戦略・QUAD・AUKUSおよび日本主導のFOIP構想と中国のBRI構想によって争われているため、舵取りに苦しんでいる。そのような状態のため、現時点でスリランカは地理的な利点を十分に生かすことができていないのだ（図1-3）。

　海はスリランカの国民意識に不可欠であり、インド洋（マージナル・シー）での出来事はスリランカの運命に大きな影響を与えてきた。すなわち、インド洋は、スリランカの歴史を作ったすべての主要なパラダイムシフトにおいて重要な役割を果たしてきたと言ってもよいだろう。後述するように紀元前6世紀のスリランカで最初の王国の形成から、12世紀のスリランカ北東部への権力（都）の移行、16世紀から19世紀の植民地化まで、スリラン

図 1-3　スリランカの地政学的な優位性
※中国は、「一帯一路構想」を打ち出した 2013 年以前から、ミャンマー、バングラディ
　シュ、スリランカ、パキスタンなどインド洋沿岸国のシーレーン沿いの一連の港湾開
　発を積極的に支援しており、この計画は米国などから「真珠の首飾り戦略」と呼ばれ
　てきた。「真珠の首飾り戦略」とは、これらの港がインド亜大陸を取り囲む「首飾り」
　のように見えることからそう呼ばれ、「一帯一路構想」の「21 世紀海上シルクロード（一
　路）」の部分を指している。

カのパラダイムシフトに影響を与えた外部の力は、インド洋とのつながりを
持っていた。

　次の第 2 章からは、スリランカでどのような歴史が繰り返されてきたの
かについて地政学的な視点でみていく。別の言い方をすれば、スリランカに
まつわる国の歴史と外部からの侵略を振り返るのである。スリランカには
2500 年の歴史があり、その長い歴史に裏づけされた文化がある。この島国
で過去に起きたことをよく知らないままでは、今日起きていることを理解す
ることも、未来を考えることもできないだろう。

注
18)　現在、世界の主導権を握っているのはアングロサクソン諸国である。つまり、英語を公用語と
　　する白人優位の英国、米国、豪州、加州、ニュージーランド（ファイブ・アイズ）である。
19)　谷光太郎『アルフレッド・マハン ─ 孤高の提督』白桃書房、1990 年、pp.256-257.
20)　ニコラス・スパイクマン著、奥山真司訳『平和の地政学』、芙蓉書房出版、2008 年、p.101.

21）谷光太郎『アルフレッド・マハン ― 孤高の提督』白桃書房、1990 年、pp.256-257.

22）高木彰彦『日本における地政学の受容と展開』九州大学出版会、2020 年

23）Mahan Alfred Thayer, *Mahan on Naval Warfare. Selections From the Writings of Rear Admiral Alfred T. Mahan*, ed. A. Westcott (London: Sampson Low, Marston & Co, 1919) for key material, taken from *the Influence of Sea Power Upon History (1890), The Interest of America in Sea Power, Present and Future* (1897) and *Naval Strategy* (1911)。このほか、高木 彰彦『日本における地政学の受容と展開』九州大学出版会、2020 年を参照。

24）インドはインド洋全域で海軍力と安全保障関係を拡大しており、インド洋への重要な入口であるマラッカ海峡、ペルシャ湾、アフリカ南部での関係構築に大きな関心を寄せている。

25）米国の関与のレベルは他にもある。例えば、米軍が相手国の全地域に赴いて部隊を駐留させ、政策にも関与し、その国の活動の全側面を掌握する「優先的関与（primacy）」や、米国にとって重要な地域のみに部隊を駐留させ、必要な地域のみにコミットしコントロールする「選択的関与（selective engagement）」といったオプションがある。

26）米軍は世界 175 の国と地域に駐留しており、その数は合計で 1,320,354 人とも言われている（2020 年 6 月現在）。

27）Pearson M.N., *The Indian Ocean*, Abingdon: Routledge, 2003.

28）Gillis J.R., *The Human Shore: Seacoasts in History*, Chicago, University of Chicago Press, 2012.

29）鄭和は第 2 次航海の帰路（1409 年）で、スリランカのゴールに石碑を建てている。

30）サウジアラビア西部の紅海に臨む、メッカ州にある中東有数の世界都市。

31）ソマリア南部からモザンビーク北部に至るベルト状の約 2,000 km の海岸地域を指す。この地域では古くからインド洋を舞台にアラビアやインド、ペルシャとの交易が行われた。

32）Pearson. 2003.

33）Ibid.

34）Om Prakash, European Commercial Enterprise in Pre-colonial India, Vol. 2. Cambridge University Press, 1998, p.69.

35）McDevitt M., *Great Power Competition in the Indian Ocean*: The Past as Prologue?, Virginia: Center for Naval Analysis, 2018. インド洋最大の米軍基地はディエゴ・ガルシア島にあり、湾岸戦争、アフガニスタン攻撃、イラク戦争では B-52 戦略爆撃機や B-2 ステルス爆撃機がここから発進した。米軍の戦略上の要衝である。

36）シーレーンとは、貿易や安全保障上、重要な意味をもつ海運航路のことを指す。

37）Australian Government. Defense White Paper, Department of Defence, 2013, p.74.

38）Office of the Secretary of Defense, US Department of Defense. Annual Report to Congress: Military and Security Developments Involving the People's Republic of China, 2014, p.18.

39）カプランによるとインド洋圏は、「西はアフリカの角から始まり、アラビア半島、イラン高原、そしてインド亜大陸を越えて、インドネシア列島とその先の東側まで広がる。」、Kaplan, Robert

D. Monsoon : The Indian Ocean and the Future of American Power, New York, Random House, 2010, p. xi

第2章
アイデンティティのダイナミズム
──スリランカ国民・国家の成り立ち

　スリランカの歴史は、地政学的ライバル関係である外からの侵略と、その侵略に対する国内からの抵抗によって特徴づけられている。11〜12世紀は、南インドチョーラ朝からの侵略が相次いだ。本章の目的は、スリランカの初期の歴史と民族の多様性を明らかにすることにある。第1には、スリランカ社会の複雑な民族・宗教構成とその特徴は何かということである。第2には、スリランカ政治史は、古代、王朝期、植民地支配期と続いており、その上で現代スリランカが存在していることである。すなわち、スリランカはかなりの早い時期から世界と絶え間なく関わり、多くの人びとを受け入れてきた。ときには衝突を伴いながらも、外との接触はスリランカの多様性を豊かにし、国を形作ってきたのである。

1. 民族・宗教と対立

　前章で述べたように、スリランカは、南アジアのインド南東に位置し、西は中東へとつながるアラビア海、東は東南アジアへとつながるアンダマン海に臨む。アジア全体と中東を結ぶインド洋国際シーレーン上に位置し、地政学上特別な位置にある。

　スリランカの文化は、インドからスリランカへの人びとの定期的な移住によりいくつかの類似点があるが、隣国インドとは別にさらなる進化を遂げてきた。スリランカ国民とシンハラ人は同じものではない。スリランカ国民とは、スリランカ国籍を持つものを指す。これに対して、シンハラ人には、スリランカ国民という意味と、民族的にスリランカ人であるという意味とがある。2020年時点でスリランカの総人口は約2200万人で、そのうちシンハラ人（エスニックスリランカ人）は多数派を構成し、人口の約74.9％を占めている。次に大きな民族集団はスリランカ・タミル人とインド・タミル人で、スリランカ人口の約15.4％を占めている。南インドのドラヴィダ系部族の子孫であるスリランカ・タミル人は、1500年以上前からしばしば商人や傭

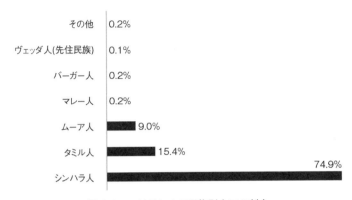

図 2-1　スリランカの民族別人口の割合
出所：2012 年国勢調査のデータより筆者作成

兵としてこの島にやってきたが、集団として永住するようになったのは 13
世紀になってからである [40]。

　一方、スリランカ・タミル人と、19 世紀に英国が安価なプランテーショ
ン労働者として強制移住させたインド・タミル人との間に、多くの相違点が
あることは注目に値する。後者は一般に低カーストのプランテーション労働
者で、スリランカの中央高原に住み、後述する分離独立のための武装闘争に
は加わっていない [41]。つまり、彼らは母語としてはタミル語を話し、宗教
としてはヒンドゥー教を信仰しているが、スリランカ・タミル人との関係は
薄く、独自の政党を擁立しており、「タミル・イーラム＝タミル国家」の独
立という考えを支持してはいない。ムーア人とマレー人は、全人口の 9.4％
を占めている。人口の残りは、バーガー人で、スリランカ人とヨーロッパ人
の混血者とされる（図 2-1）。

　仏教徒はスリランカ人の 70％を占め、その約 99％はシンハラ人である。
ヒンドゥー教は 2 番目に多い宗教で、イスラーム教とキリスト教はそれぞ
れ 10％未満である。シンハラ人とタミル人の中には、キリスト教を信仰し
ている人もいる。ムーア人やマレー人は、イスラーム教徒である。バーガー
人の大多数はキリスト教徒である [42]。また、公用語はシンハラ語とタミル

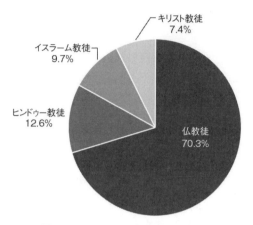

図 2-2　スリランカの宗教別人口割合
出所：2012 年国勢調査のデータより筆者作成

語の 2 つで、英語が連結語として使われている（図 2-2）。スリランカはこ
のように多宗教、多言語、多民族国家であり、スリランカがどのようにして
多宗教、多言語、多民族国家になったかについては後述する。

2. スリランカ人と国民国家意識

　一般のエスニックスリランカ人が、スリランカ国民としての意識を強く持
ち出すのは、植民地支配期である。この国民意識・国家意識は、スリランカ
がヨーロッパ列強の支配下に置かれたことで強化され、シンハラ国家の独立
へと動き出すことになる。やがて、シンハラ人の民族への帰属意識が強ま
り、国家への忠誠心も強まったとされる。スリランカはシンハラ人の国だと
いうことが、今では多くの国民の共通認識となっている。
　ところが、現代のスリランカの現実は、シンハラ人だけの単一民族国家
ではない。例えば、スリランカのダバーナに先住民であるウェッダー人
（Vedda = wanniyale eththo）がいる。現在、全国に約 1 万人のウェッダー人

が住んでいると推定される。スリランカでは、かつて南インドからの侵略者
やマレー半島からの商人がたびたび進出してきており、彼らの子孫である
スリランカ・タミル人やムーア人がいる。また、植民地時代には、宗主国で
あった英国によってインドなどから労働者（インド・タミル人）が連れてこ
られ、多民族社会化がさらに進んだのである[43]。このように、スリランカ
人の大多数はシンハラ人（＝地元民）であるが、スリランカはその長い歴史
の中で多民族・多宗教国家となったのだ。

　英国からの独立後、教育・経済面で優遇されたスリランカ・タミル人と地
元民であるシンハラ人との対立は深まり、スリランカ・タミル人による分
離独立運動やLTTEによるテロに代表される民族対立が続いた。対立の主因
は、植民地支配下でスリランカ・タミルなど少数民族が優遇されてきたこ
とによる教育・経済格差の是正処置として、独立後にスリランカ政府が行っ
た一連のシンハラ人優遇政策にあった。つまり、この一連の政策は、スリ
ランカの2大政党（United National Party：以下、UNP と Sri Lanka Freedom
Party：以下、SLFP）へのシンハラ人の影響力に関連しており、活発な政党
政治の結果でもある。

　これに対して、スリランカ・タミル人勢力は猛反発し、南インドのタミ
ル・ナードゥ州をはじめ各国のタミル勢力と手を取り政府と対立、分離独立
を主張し、政府軍と武力衝突することになった。2019 年のLTTEの打破まで
スリランカ・タミル人とシンハラ人の対立は収まることはなかった。地元の
民であるシンハラ人が人口の約 74％を占めるために、彼らの政治力は他民
族に対して圧倒的である。独立後のシンハラ人優遇政策は民族差別政策の一
種と批判されても、シンハラ人の中では、シンハラ人主役の国民国家の風潮
が強まるばかりで収まる気配はない。

▌3. 古代〜中世：南インドからの侵略者との戦い

　スリランカは 2500 年の歴史を持ち、国の始まりは紀元前 5 世紀に遡る。
長い歴史に裏打ちされた文化を持つスリランカは、古代、王朝時代、植民地
時代を経て現代に至る。スリランカの歴史はマハーワンサ（Mahawamsa）、
ディーパワンサ（Dipavamsa）、チューラワンサ（Culavamsa）といったパー
リ語で書かれた年代記に基づいている。スリランカ初期の有力な歴史書の
一つであるマハーワンサによると、現在のシンハラ人は、紀元前 5 世紀に
ヴィジャヤを率いてスリランカに到着した北インド人入植者の子孫である。
彼らは現地のヤッカ（Yakka）とナーガ（Naaga）として知られている部族
とまじりあい島のあちこちに散って、シンハラ民族になったと考えられてい
る。紀元前 3 世紀にインドのマウリヤ朝のアショーカ王が王子マヒンダ（僧
侶）を派遣し、仏教（上座部仏教）を伝え、当時のスリランカのデーワーナ
ムピヤティッサ王も仏教に帰依したとされる。それ以後アーリア語族に分類
されるシンハラ語を話す彼らは、独自の文化と伝統を持つ国になったとさ
れる。アヌラーダプラにマハーヴィハーラ（大寺）が建立され、それ以来、
アヌラーダプラは仏教の中心地として 1000 年以上も栄えることになる。大
規模な灌漑施設による豊かな米生産も繁栄を支えたとされる [44]。この頃か
ら国家と仏教は密接に結びつき、国家保護の下で発展し、「シンハラ仏教文
化」の国として確立される。紀元前 411 年から 410 年にアヌラーダプラに
滞在した法顕の記録『仏国記』には、スリランカが「師子国（シンハラ国）」
として登場していることからも当時のスリランカの国柄がわかる。紀元前 3
世紀頃から約 7 世紀にわたる初期のアヌラーダプラ文明は、南インドから
の侵略がなかったため、調和が取れていたとされる [45]。

　その後、北インドの最盛期がすぎた 7 世紀以降、南インドのドラヴィダ
諸王国は最盛期を迎えることになる。なかでもチョーラ朝（11〜12 世紀）
は、タミル民族を統一し、巨大な王朝をうち立て、商人たちのネットワーク

を活用して、スリランカや東南アジアを影響下に置いたのである。それ以降、スリランカは、断続的に南インドのタミル勢力（チョーラ朝）からの侵攻を受けることになる。このような南インドからの侵入により、1017年にアヌラーダプラの繁栄に終焉がもたらされた。シンハラ王朝は王都をアヌラーダプラから南東のポロンナルワへ移すことになった。タミル勢力はポロンナルワにも進軍し、当時のシンハラ王を拘束し、代わりにタミル人の総督を置き、ポロンナルワを支配するに至ったのだ[46]（図2-3）。スリランカ全土にタミル人の影響力が強まろうとする中、シンハラ王のウィジャヤバーフ1世の軍事行動により、タミル勢力を追放し、1070年にポロンナルワが奪還された。ウィジャヤバーフ1世は、国の立て直し、特に廃れてしまった仏教の普及につとめたとされる。1153年にウィジャヤバーフ1世の孫、パラークラマ・バーフ1世が王位につく。彼は灌漑用貯水池や多くの建造物

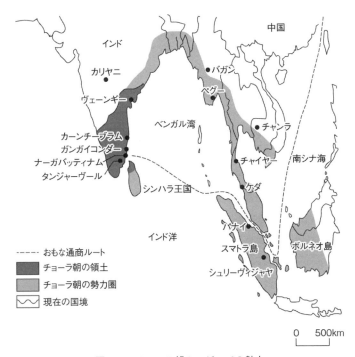

図2-3　チョーラ朝のアジアでの勢力

を建設し、ポロンナルワを仏教都市として開発し、黄金期を迎えた。寺院の数が多くなるにつれ、聖域の性格を濃くし、タイやビルマ（現ミャンマー）から仏教僧が多数訪れるようになったとされる[47]。

　その後、1187年にカリンガ出身[48]のニッサンカ・マッラが王位に就くと、スリランカを統治する資格があるのは仏教徒だけだと宣言し、自らの地位を確保したとされる。彼が王位についたのはわずか9年だが、国内各地に王を賞賛する言葉や祖国（インド）との関係を示す石碑文が残っており、人徳者として今でも称えられている。彼はまた、さまざまな建設や改修事業に巨額の資金を投じる一方で、犯罪を抑制する目的でその資金を国民に分け与えたとされる。ところが、彼の死後、王朝は勢力を失い、再びタミル人勢力の侵攻を受け、1232年にシンハラ王国はダンバデニヤへ王都を移し、1255年にポロンナルワを放棄した。その後、ポロンナルワは衰え、廃墟となり、1900年以降の遺跡発掘により再び注目を集めるまで、ジャングルの中に埋

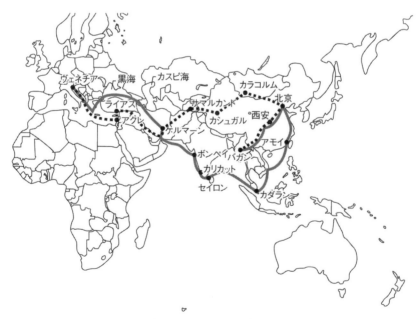

図2-4　マルコポーロ行程図

もれたままになったのである[49]。

　ポロンナルワを放棄後も、タミル人勢力の侵略が激しくなり、シンハラ王国は頻繁に遷都を繰り返した。時期を同じくしてスリランカの東部州と北西部州の沿岸地域はマレー半島方面の民族から侵略を受ける。この頃（1292年）スリランカを訪れたマルコ・ポーロの「東方見聞録」に「島の住民は戦士とは程遠いため、傭兵をムスリムなどの他国人が担当」と書かれていることからもこのことがわかる[50]（図2-4）。

　その結果、シンハラ王朝は、約150年の間に、ダンバデニヤ（1232年）→ ヤーパフワ（1303年）→ クルネーガラ（1319年）→ ガンポラ（1347年）→ コーッテ（1415年）と5回遷都し、最終的に1469年に首都をマハヌワラ（キャンディ）へ移すことになった。このように、シンハラ王国は、南インドから侵略してきたライバルのドラヴィダ人（Dravidian）との間で数々の戦いを繰り返しており、ドラヴィダ人（タミル人）が島の大半を征服することで頂点に達したこともあった（図2-5）。現在スリランカ・タミル人と呼ばれる人々は彼らの子孫とされる[51]。

　シンハラ（アーリア）王朝[52]とドラヴィダ王朝の間で戦いがあったことは事実であるが、これらの王朝に支配された人々は、自由に結婚でき、民族的に混血であり、民族意識はなかったとされている[53]。つまり、シンハラ人にせよタミル人にせよ、全員が血で結ばれているわけではない。

　タミル人勢力の侵攻により不安定になったシンハラ王国に、1410年に明王朝（中国）からの使者がやってきた。この頃、中国の明は朝貢外交を進め、周辺国へ鄭和を派遣していた。1410年に鄭和がスリランカにも来島したのだ[54]。シンハラ王はその使節団を取り囲むが、鄭和は反撃し、シンハラ王家一族を捕虜として中国へ連れて行くことになった。その後、明はスリランカで中国（明）に最も忠義ある者を王にすることを条件に、捕虜としていた王家をシンハラ王国へ引き渡すことにした。その時、王に選ばれたのがパラークラマ・バーフⅥ世で、彼は1415年に王都をコーッテに移した。以後約30年間、明の属国として朝貢を続けることになった（図2-6）。

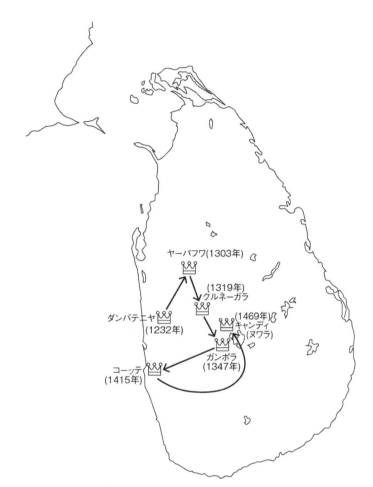

図2-5　タミル勢力の拡大によるシンハラ朝の遷都

　ここまで見てきたように、古くから断続的に侵略者や商人がスリランカに
やってきたのである。それには、紀元後1世紀以降、ローマ帝国と中国を
結ぶインド洋交易圏での季節風貿易が活発になったことが大きく影響してい
るだろう。

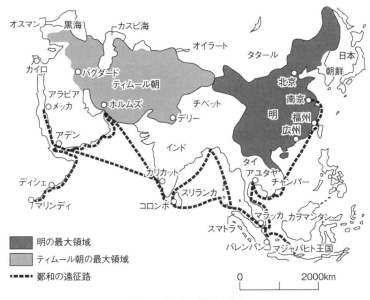

図 2-6　鄭和の艦隊の進路

表 2-1　古代～中世：南インドからの侵略者との戦いの略史

B.C 5 世紀	北インドからのアーリア系移民により、シンハラ王朝建国
B.C 4 世紀	アヌラーダプラに首都が置かれる
B.C 3 世紀	インドより仏教伝来
4 世紀	仏歯がアヌラーダプラにもたらされる
1017 年	首都は、中部のポロンナルワに置かれる
13 世紀初頭	南インド・タミル人の侵入が激しくなる
13 世紀	南インド・タミル人侵略者が（ヤーパナヤ）ジャフナ王朝を建国し、次第に彼らがスリランカ・タミル人と呼ばれるようになる。シンハラ王朝はこの頃から各地に遷都を重ねる
1300 年頃	スリランカを訪れたマルコ・ポーロは、「ここは世界で一番すばらしい場所だ」と言い残す
15 世紀中頃	シンハラ王朝がマハヌワラ（キャンディ）に遷都する

注

40）Upali, P. The Post-Conflict Rebuilding Process of Sri Lanka: A Content Analysis Of Issues, Challenges And Lessons Learnt, 2015, p.1. 入手先：〈Https://Www.Researchgate.Net/Publication/303792101〉閲覧日：2022 年 7 月 20 日

41）Migration profile Sri Lanka, Colombo: Institute of Policy Studies of Sri Lanka, 2013, p.2.

42）"Sri Lanka Census of Population and Housing, 2011 - Population by Religion". Department of Census and Statistics, Sri Lanka（2012 年 4 月 20 日）. 最終閲覧日：2018 年 4 月 6 日。

43）Migration profile Sri Lanka, Colombo: Institute of Policy Studies of Sri Lanka, 2013, pp.2-3.

44）Liyanagamage A. & Gunawardhana Ranaweera, *Anuradhapura Yugaya*, Vidyalankara（Sinhala Text）Press, 1956 を参照。

45）Codrington H. W., *A Short History of Sri Lanka*, London, 1929; H. Parker, *Ancient Ceylon*, London, 1909 を参照。そのほか、『南アジアを知る事典』平凡社、2002 年を参照。

46）Indrapala, K.（ed.）*The Collapese of the Rajarata Civilization and Drift to the South West*, Preradeniya, 1971 を参照。

47）De Silva, Chandra Richard（2011）. "A hydraulic civilization". The Sri Lanka Reader: History, Culture, Politics. Holt, John, 1948-. Durham [N.C.]: Duke University Press を参照。

48）インドの中東部に位置した古代国家で、現在のオリッサ州とアンドラ・プラデシュ州北部をほぼ含んでいる。

49）de Silva K. A., *A History of Sri Lanka*, New Delhi, 2005 を参照。

50）マルコ・ポーロ『東方見聞録』各・全 2 巻、平凡社東洋文庫 1970-71 年／平凡社ライブラリー 2000 年を参照。

51）Wijetunge W. M. K., *The Rise and Decline of Cola Power in Ceylon, Ph.D Thesis*, University of London, 1962 参照。

52）現在、スリランカに定住しているシンハラ人はインド・アーリア系とされる。

53）McGowan, William, Only Man is Vile: The Tragedy of Sri Lanka, New York, 1992. P.5.

54）明は朝貢外交を積極的に推進し、鄭和の使節団はアジアだけでなくアラビア半島、アフリカまで訪れている。Gunawardana R. A. L. G. "The people of the lion: the Sinhala identify and ideology in history and historiography". In Sri Lanka: History and the Roots of conflict, Spencer, Jonathan(ed), London; Routledge, 2015. を参照。

第 **3** 章
植民地支配の負の歴史
── 分断社会はいかに生まれたのか

1. ヨーロッパ列強による地政学的対立と植民地支配

　15世紀頃までは、航海技術が未発達でモンゴル帝国のようなランド・パワーが優位となっていたが、大航海時代になると、ポルトガル、オランダ、英国などのシー・パワーの時代になり、世界中で植民地を広げていった。その頃、スリランカには、コーッテ王国（事実上コーッテ王国は、スリランカ全土を支配）、マハヌワラ（キャンディ）王国とヤーパナヤ（ジャフナ）王

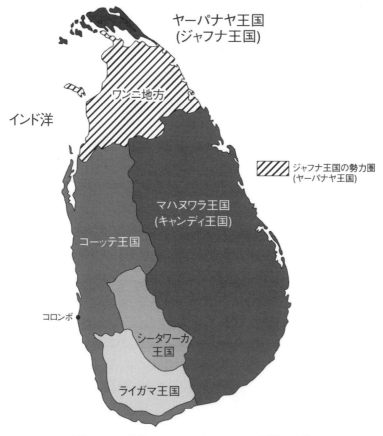

図3-1　16世紀のスリランカ・シンハラ王朝の分裂

国（タミル系）の3つの王国が存在していた。1450年にパラークラマ・バーフⅥ世がヤーパナヤ（ジャフナ）王国を征服し、全島を統一したが、16世紀に入るとコーッテ王国で内紛が起こり、コーッテ王国がコーッテ王国、ライガマ王国、シータワカ王国と3つに分裂した。これにより、コーッテ王国の支配下にあったマハヌワラ（キャンディ）王国は独立した（図3-1）。こうした内紛がその後のスリランカの運命を大きく左右することになった。

■ 2.　ポルトガルによる支配

　16世紀以降、スリランカではインド洋シーレーンの中心部に浮かぶ島国という「地理的条件」によってヨーロッパ列強の3カ国による植民地支配が始まった。それは、ポルトガル船が1505年にコーッテ王国の支配下にあったガーッラ（ゴール）に上陸することで始まった。国王パラークラマ・バーフⅨ世は、思わぬ異邦人の到着を受け、和平（妥協）か戦争かの選択を迫られた。ポルトガルの持つ鉄砲や大砲の威力を目の当たりにし、和平を結ぶことを選択し、コーッテ王国とポルトガルは友好条約を結ぶことになった。しかし、ポルトガルは軍艦を引き連れコラバ（コロンボ）に上陸（1518年）し、要塞を築いた。これに危険を感じたコーッテ王国は、軍を進出させるが、ポルトガルの戦力に歯が立たず、ポルトガル船の入港を認めざるを得なくなった[55]。同じ頃、コーッテ王国内で内紛が起こり、シータワカ王国が勢力を伸ばしてきていた。コーッテ王国はポルトガルに援助を求め、こうして、コーッテ王国はポルトガルへの依存を深めていき、主従の関係を深化させることになった。ポルトガルはコラバ（コロンボ）を砦として、スリランカを支配し、シナモン、宝石（ルビー）、象牙などをポルトガルに上納するように強要した。また、ポルトガルの植民地政策の特徴は、キリスト教の布教を強引に行ったことである。コーッテ王族を改宗させただけでなく、民衆に対しても改宗すれば役職を与えるというものだった。そして、カトリック

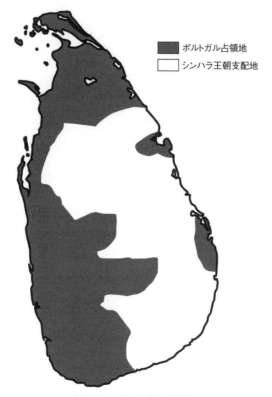

凡例：
■ ポルトガル占領地
□ シンハラ王朝支配地

図3-2　ポルトガル占領地

以外の異教徒への迫害も執拗で、スリランカの伝統的な仏教寺院は破壊され
た[56]（図 3-2）。

　このようにポルトガルは、スリランカや東南アジアを中心に香辛料貿易を
積極的に行っていたが、その後、オランダは独自に香辛料の入手経路を開拓
した。オランダは 1602 年にオランダ東インド会社を設立し、勢力を拡大す
るなどしてポルトガルを脅かした。シナモン産地のスリランカを狙っていた
オランダの探検家スピルバーゲンがスリランカの東海岸のマダカラプワ（バ
ティッカロア）に到着し、1602 年に彼はマハヌワラ（キャンディ）王国へ
赴き、国王と面会、目当てのシナモンの取引を手に入れた[57]。

▌3. オランダによる支配

　その後、スリランカ国内ではポルトガルとオランダの一進一退の攻防が続き、ポルトガルからの支配に苦しむマハヌワラ（キャンディ）王朝は、1638年にオランダと同盟を結んだ[58]。オランダ軍（オランダ東インド会社）は、マハヌワラ（キャンディ）王国の支援を得て、1639年にマダカラプワ（バッティカロア）とトリクナーマラヤ（トリンコマリー）を、1640年にはガーッラ（ゴール）を攻略、休戦時期を挟んだものの、1656年にはコラバ（コロンボ）を攻略した。このように、オランダと協力し、ポルトガルを追い出したことで、ポルトガルによる約150年（1505〜1656年）にも及ぶスリランカ侵略が終わった。

　ポルトガル支配の終焉後、マハヌワラ（キャンディ）王国は、オランダにポルトガルから奪取したコラバ（コロンボ）などの要塞を協定に基づき、引き渡すよう要求したが、オランダはそれを拒否した。すなわち、ポルトガルに代わりオランダによる植民地支配の時代が始まった。そのことにマハヌワラ（キャンディ）王国は激怒し、1546年に同盟は終了し、1560年には逆にコーッテ王国とポルトガルの同盟に対して、北部のヤーパナヤ（ジャフナ）王国と手を組み対抗することになる。その後、オランダとマハヌワラ（キャンディ）王国は何度も衝突を繰り返した[59]。

　スリランカを占領したオランダ東インド会社は、シナモンの利権を得て、莫大な利益をあげることになる。オランダはシナモン農園を公有財産として管理することにした。さらに、沿岸地域を監視し、シナモンの自国以外による輸出を防ぐことで、ヨーロッパでのシナモンの価格決定権を独占した。オランダの統治は利益優先で、現地の人は困窮に苦しむことになった。オランダもシナモンと布教を中心に植民地支配を行っていたが、シナモンに関しては栽培者の利権を尊重し、流通過程とそれを保障する軍事拠点のみ確保した。また、布教は都市部では仏教やヒンドゥー教が禁止されていたものの、

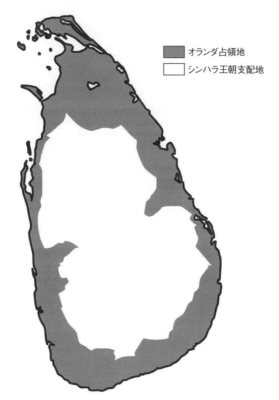

オランダ占領地

シンハラ王朝支配地

図3-3　オランダ占領地

農村部では統制されなかった[60]（図 3-3）。

　この頃の英国は、スペインとポルトガルの躍進に対してオランダと協力関係にあった。そして、オランダ東インド会社は香辛料貿易で、東南アジアを中心に勢力を伸ばしていた。ところが、アンボイナ事件[61]（1623 年）をきっかけに、英国は東南アジアから撤退を余儀なくされることになる。このことが英国の反オランダ感情を高揚させ、英国とオランダの対立が深まっていくことになった。1795 年、スリランカ国内でオランダと英国による戦争が始まった。つまり、フランス革命戦争（1795 年）によってオランダがフランスの占領・支配下に置かれると、英国は海外のオランダ植民地を攻撃し始めたのだ。オランダ領セイロン（今のスリランカ）もその対象となった。英国

の東インド会社は、トリクナーマラヤ（トリンコマリー）やヤーパナヤ（ジャフナ）など次々と占領し、1796 年には首都コラバ（コロンボ）を占領してオランダの全拠点（要塞）が陥落した[62]。こうして、約 140 年間のオランダによる占領時代（1656〜1796 年）が終わった。

4. 大英帝国による支配

　スリランカは 1802 年に大英帝国の直轄植民地（crown land）になり、アミアン講和条約[63]（Treaty of Amiens）によって英国の領有が確定した。当初はスリランカの内陸に位置するマハヌワラ（キャンディ）王国は独立王国であり、英国領土に含まれていなかった。しかし、英国軍は現地の工作員を使いマハヌワラ（キャンディ）に入り、最後のシンハラ王権を脅かし始めた。そしてポルトガル、オランダからの侵略に屈しなかったマハヌワラ（キャンディ）王朝も 1803〜1805 年、ならびに 1815 年の 2 度にわたる英国の進軍を抑えきれず、1815 年のウダラタギウィスマ「キャンディ条約（Kandyan Convention）」によってその保護国へと転落することになった。

　だがその後、英国は条約を破り、英国の植民地支配に対する大規模な抵抗運動 — ウバの反乱（1817〜1818 年）、マータレー反乱（1848 年）— が起こった。英国はこれらの反乱を武力制圧という形で鎮圧し、大英帝国領セイロンに併合し、最後のシンハラ王国は滅亡した。英国軍は反乱に関わったとされる村人（シンハラ人）は村ごと容赦なく焼き殺したとされる[64]。英国軍によるこうした残虐行為は世界中で数え切れないほど繰り返されたが、最も記憶に残るのは、英国の弾圧によって 1 万人以上が虐殺されたケニアの英国からの独立闘争（1952〜1960 年）だろう。ここで知っておくべきことは、こうした英国が起こした虐殺に対して、いまだに謝罪もないことだ。

　ところで、最後の王シュリ・ヴィクラマ・ラージャシンハは、英国領インドへ流刑となり、1832 年に死亡したとされる。英国が条約を結んでは裏切

るという方法で世界中に支配権を築いたことは周知の事実だが、スリランカ
も同じ手法で手に入れたのだ。こうして英国は強大な海軍力でスリランカに
進出し、植民地にし、現地人を使って資源を収奪し、支配地域の拡張を続け
た。

　152 年にわたる英国植民地支配の下では、これまで西洋の支配が及んで
いなかった内陸部に道路・鉄道の建設が行われ、農作物の輸送や軍の移動が
効率化された。英国による植民地支配は、コーヒープランテーションを作る
ことから始まった。1830 年代、スリランカの中部山地にプランテーション
を設立し、コーヒー産業はめざましく発展を遂げるが、1870 年代それらの
プランテーションは伝染病によって壊滅的な被害を受け、コーヒーの栽培が
不可能になった。そこで英国は新たに紅茶プランテーションの建設に着手す
ることになった。この紅茶生産には定住労働者が必要であり、そこに充て
られたのはインド・タミル人[65]であった。彼らは低賃金・重労働を強いら
れることになる。現在のスリランカの民族構成はこのようにして形成された
が、各民族は大きくこじれることはなく生活をしていた。

　ところが、英国はスリランカを植民地として支配するため、少数派のス
リランカ・タミル人を多数派のシンハラ人より優遇する「分割統治 = divide
and rule」政策をとった。英国の支配が強まるにつれ、英語が政府の公用語
となり、スリランカのエリート層はキリスト教徒となったが、これはヤーパ
ナヤ（ジャフナ）半島に定住していたスリランカ・タミル人に有利に働い
た。英国政府は、植民地の行政機関に英語を話せる職員を必要としたのであ
り、ヤーパナヤ（ジャフナ）半島にはキリスト教の宣教師の学校（Christian
missionary schools）が多数あったことから、スリランカ・タミル人は英語で
教育を受けていたのだ。その結果、スリランカ・タミル人は、植民地政府で
働く機会を得たのであった[66]。

　具体的には、当時スリランカ人口に占める割合は約 10％だった少数派の
スリランカ・タミル人を優遇する政策を執り、政治の中枢に置き、多数派の
シンハラ人を迫害した。この英国の分割統治政策の成功には、シンハラ人が

スリランカの土地で長年生きてきた自民族の誇りを持っていたために英国統治下の植民地行政への参加に消極的だったことも関係している。英国の支配の下、少数派のスリランカ・タミル人が多数派のシンハラ人より有利な立場に置かれたことで、シンハラ人の間に広がった不満は独立への思いをますます深めることになった。

　このことはまた、シンハラ人の間に、タミル文化に同化させられるのではないかという恐れを強めた。タミル文化は、スリランカ北部からインド南部へと広域な広がりをもつものであるため、小範囲のシンハラ文化が飲み込まれる恐れは十分考えられる。この政策によって虐げられた生活を余儀なくされた多くのシンハラ人は、それ以降、英国政府と少数派でありながらシンハラ人の上に立つスリランカ・タミル人に反感を抱くようになったのだ。

　1900年代初頭のスリランカの様子を少し覗いてみよう。当時、英国はスリランカ人への統治権を認めようとせず、1910年にマッカラム（MacCallum）総督は立法評議会で高学歴のスリランカ人に形だけの参政権を与えた。しかし、1919年にウィリアム・マニング（William Manning）総督が着任すると、同年、セイロン国民会議（Ceylon National Congress）の改革を決定した。マニングは、立法評議会におけるセイロン人（Ceylonese）への参政権を増やすことには消極的であったが、評議会における承認を求めるスリランカ・タミル人の要望には非常に寛容であり、シンハラ人の不満をよそにタミル人の要求を受け入れ、評議会にスリランカ西部州の議席を割り当てた。

　立法府に共同体代表の原則を導入することで、マニングは少数民族にそれまで認められていたよりも大きな承認を与えたのである。この原則は、1924年の憲法でさらに認められ、立法評議会に選出された。その結果、マニングは到着早々からあったシンハラ人とタミル人の間の分裂を強調し、統一された独立運動の妨げとなった。これは、英国の支配を維持することを意図した、「分割統治」の概念の典型的な実践であった[67]。

　こうした英国の政策がシンハラ・ナショナリズムや仏教復興運動につながり、スリランカ独立運動のリーダー、アナガーリカ・ダルマパーラ

（Anagarika Dharmapala、1846〜1933）が 1891 年に「大菩提会（Maha Bodhi
Society）を創立し、仏教の復興を目指すことにつながった。20 世紀初頭、
シンハラ仏教ナショナリズムの最前線にいたダルマパーラは、当時、民意を
代弁し、植民地の不条理を国内外に訴えた。その後、独立運動の指導者とな
る D.S.セーナーナーヤカ（Don Stephen Senanayake）や S.W.R.D.バンダーラ
ナーヤカ（Bandaranayaka）に影響を与えた。こうして、スリランカ独立運
動が盛り上がりスリランカ全体に派生していくことになった。

　英国による統治のもと、一連の改革と試行錯誤を経て、多様性の高い社会
実現への希望を託し、スリランカは 1948 年に独立を果たした。しかし、後

表3-1　近代：ヨーロッパ列強諸国による支配の略史

1505 年	ポルトガル人のアルメイダがスリランカに漂着
1518 年	ポルトガルがスリランカ南西部に侵攻し、キリスト教を布教
1603 年	マハヌワラ（キャンディ）に仏歯寺を建造
1640 年	オランダがポルトガル支配下に置かれていたガーッラ（ゴール）とミーガムワ（ネゴンボ）を奪取
1656 年	オランダがポルトガルの支配下に置かれていたコラバ（コロンボ）湾を奪取
1658 年	オランダによる統治開始
18 世紀初頭	オランダによるコーヒー栽培が盛んに
1766 年	マハヌワラ（キャンディ）王国がオランダと和平条約を結ぶ
1795 年	英国がオランダと交戦し、スリランカ沿岸部を支配
1796 年	英国が沿岸部を支配
1802 年	アミアン条約によってオランダがイギリスにスリランカ（当時はセイロン島）を譲渡
1815 年	英国が全土を植民地化・シンハラ王朝の 2400 年の歴史の終焉
1823 年	英国が大規模なコーヒー農園を設立。それに伴い、インド・タミル人を労働者として連れてくる
1870 年代	病害によってコーヒー農園が壊滅状態になり、大規模な紅茶栽培が広がり、さらに多くのインド・タミル人を労働者として導入
1931 年	ドノモア憲法施行、21 歳以上の男女普通選挙制度導入 → 1958 年からは 18 歳以上
1948 年	イギリス連邦自治領セイロンとして独立 ※タミル人とシンハラ人の対立の発端は、イギリス統治時代のタミル人優遇政策によるもの。独立後シンハラ・ナショナリズムの高揚

述するように長期にわたる植民地支配によって分断されたスリランカの独立
後の国民統合・政治的安定は、容易ではなかった。

注

55) De Silva, C. R. "The First Portuguese Revenue Register in the Kindom of Ktte: 1599", CJHSS, V, 1975 を参照

56) Arasaratnam, Sinnappah. *Dutch Poer in Ceylon, 1658-1687.* Amsterdam: Djambatan, 1958. ; Abeysingha, T.B. H., *Portuguese Rule in Ceylon, 1594-1687.* Colombo: Lake House Investments, 1966 を参照。

57) De Silva, K. M. Hisory of Sri Lanka, Oxford University Press, 1981 を参照

58) マハヌワラ（キャンディ）王国は当初、ポルトガル勢力に対抗するために、オランダを歓迎し、オランダ東インド会社と 1638 年に軍事協定を結ぶことになった。

59) Wicremasekera, Channa. Kandy at Wav, colombo indigenous, military resistance to European expansion in Sri Lanka 1594-1818. : Vijitha Yapa Publications, 2004.

60) Goonewardene, Karunadasa Wijesiri. *The Foundation of Dutch Power in Ceylon, 1638-1658.* Amsterdam: Djambatan N. V., 1958 を参照。

61) インドネシアのアンボイナ島で、オランダが大英帝国の商館を襲い、商館員を全員殺害し、同島の英国勢力の一切を排除した事件のこと。

62) Schrikker, Alicia Frederika. *Dutch and British Colonial Intervention in Sri Lanka, c. 1780-1815: Expansion and Reforms.* Leiden: E. J. Brill, 2007 を参照。

63) ナポレオン戦争中の 1802 年 3 月 25 日に大英帝国とフランスとの間で締結された講和条約のこと。この条約により、英国はオランダ領セイロン（今のスリランカ）を留保した。

64) Wickremesekera, Channa. *Kandy at War: Indigenous Military Resistance to European Expansion in Sri Lanka 1594-1818.* New Delhi: Manohar Publishers and Distributors, 2004.

65) 南インドの低カーストタミル人としての生活から脱却し、新天地スリランカに希望を持ち渡来した。

66) Jebanesan, S. *The American Mission and Modern Education in Jaffna: The Contribution of the Higher Educational Enterprise of American Missionaries in Nineteenth Century.* Colombo: Kumaran Book House, 2013 を参照。そのほか、Gunaratna, Rohan, *Sri Lanka's Ethnic Crisis and National Security.* South Asian Network on Conflict Research, Colombo, 1998. p.103.

67) Mendis, G. C. *Ceylon under the British.* 3rd ed. Colombo: Colombo Apothecaries, 1952 を参照。

第4章
独立後のスリランカ政治
― 民族対立・分離主義とLTTEのテロを中心に

■ 1.「タミル人問題」の登場

　すでに述べたように、スリランカが英国による直接的な政治支配下にあった古典的植民地主義の時代[68] は、1948年の独立によって幕を閉じた。しかし、植民地時代に確立された社会経済的・文化的影響は、民族・宗教・政治経済の面でスリランカを支配し続けている。言い換えれば、スリランカは依然として英米諸国の影響下にあり、新植民地主義[69] と地政学的対立[70] は、スリランカの歴史と政治的景観を形成する上で重要な役割を果たしている。本章では、スリランカの「民主政治と分離主義」を手掛かりに、新植民地主義下のスリランカにおける「国民統合」の模索過程の本質をひもといていくことにする。

　既述したように、スリランカは、シンハラ人約74％、タミル人約15％、イスラーム教徒約9％の国家である。国民の約70％（主にシンハラ人）は仏教徒である。これらの民族間には宗教、文化、言語、生活習慣の違いがあるため、スリランカでは1948年の独立以来、多民族集団をいかにまとめるかということが、重要な課題となっている。

　今まで見てきたように、シンハラ人とスリランカ・タミル人との対立の原因は、古くは南インドからの侵略にまでさかのぼる。そして、1505年にはポルトガルが、1658年にオランダが香辛料を求めて次々に来島し、スリランカは支配下に置かれた。1815年には、マハヌワラ（キャンディ）王朝が滅亡させられたことにより、全島が英国の植民地になった。植民地政府によって導入された「分割統治政策（Divide and Rule）」に基づいて少数派のタミル系住民が優遇され、多数派のシンハラ系住民を統治することになった。その結果、多数の一般市民（主にシンハラ人）が植民地支配による厳しい弾圧に苦しむ中、多くのスリランカ・タミル人は優遇された生活を送り、社会的にも高い地位を得られるようになった。

　英国による長い植民地時代を経て、スリランカは、1948年ついに主権国

家セイロン（Ceylon）として独立を果たすことになった。この頃から、多数派のシンハラ人が徐々に力をつけるようになり、スリランカ（シンハラ国）の国家運営は、つねに「シンハラ人優遇」を基調としてなされるようになっていた。スリランカでは、1953年からスリランカ・タミル人対シンハラ人の大規模な衝突が発生したことを契機に、シンハラ系エリートによって作られたスリランカ自由党（SLP）が中心となる与党連合が、スリランカ化による国民統合政策を推し進めることとなった。

　具体的なスリランカ化政策には、宗教、経済および教育のスリランカ化があげられる。宗教のスリランカ化では、シンハラ系の多くが信仰する仏教を国教とした。経済のスリランカ化では、シンハラ系の社会進出や経済的立ち遅れを改善するためにシンハラ系優遇政策が実施された。例えば、1960～1961年に実施された「キリスト教学校の国営化」は、「民族や宗教に関係なく、スリランカにおける教育を向上すること」が目的であった。実際には、これによって、教育に遅れをとっていたシンハラ仏教系の経済的地位が大きく向上した。加えて、教育のスリランカ化では、シンハラ語を国語とし、初等および中等教育段階において主な教学用語をシンハラ語と規定した。

　さらに、シンハラ系の大学進学率を向上させるために、大学入学者の民族別・地域別比率制度も導入された。このように独立直後には、積極的にシンハラ系を中心とした国民統合政策およびシンハラ系優先政策を推し進めてきたが、現在は、シンハラ系優先政策を緩和し、すべての民族が共有できる目標を掲げ、各民族の言語、文化、生活習慣などを尊重しながら、「1つのスリランカ＝Unitary State」をスローガンとした民族融和政策を実施している。こうした独立後のスリランカ社会を論じるには政党政治の展開および分離主義勢力・LTTEの営みを理解することが不可欠である。

■ 2.　スリランカの政党政治とエスノ・ナショナリズムの台頭

　南アジアにおける民主主義国家といえば、「世界最大の民主主義国家」と呼ばれるインドが有名だが、スリランカでもインドと同じく、民主主義的な制度や手続きが独立以来ほぼ一貫して維持されており、政党政治も活発に行われている。独立当時のスリランカは、西洋から、東洋の民主主義の理想とされ、アジアでは日本に次いで高い識字率を誇り、高い経済成長を見せていた。

　第2章で触れた通り1890年代になると、スリランカのエリート層は、植民地支配の状況を批判するようになる。彼らはスリランカで繰り返される多数派への差別や、イギリスによる富の吸い上げを批判し、1919年に結成された「セイロン国民会議派（Ceylon National Congress）」に参集した。これがスリランカの近代的政党の始まりとされる。セイロン国民会議派はそれから20年以上もの間、英語を話せるエリートたちからなる規模の小さいグループにすぎなかった。彼らの主な要求は、植民地行政への参加を拡大することに向けられていた。

　独立に先立って繰り返された交渉の過程において、英国は民主主義の価値体系に基づき各民族が平等な権利を有した上での独立を提言するが、この案は、上位カーストのスリランカ・タミル人エリート層（ウェッラーラ）の反発を招くことになった。つまり、1931年に施行された「ドノモア憲法（Donoughmore Constitution）によって選挙を媒介する議会制民主主義を導入したことで多数派シンハラ人の利益が重視され、少数派スリランカ・タミル人の怒りを買うことになった。なぜなら、それまでに保証されていたセイロン知事（英国）が任命する民族ごとの代表制（Communal Representation）は過去のものになり、21歳以上の男女による普通選挙がスリランカ・タミル人にとって不利に働いたからである。このとき（1944年）、当初の英国の案に反対するためにスリランカ・タミル人エリート層

を中心に結成されたのが、「全セイロン・タミル会議派（All Ceylon Tamil Congress）」である。一方、セイロン国民会議派は、S.W.R.D.バンダーラナーヤカ（S.W.R.D. Bandaranayaka）が1937年に結成した「シンハラ大協会（Sinhala Mahasabha）と統合し（1946年）、「統一国民党（United National Party：以下UNP）となった。その後、UNPは選挙に向けて全セイロン・タミル会議派とも協力関係を打ち立て、独立後行われた選挙で圧勝し、初代首相としてD.S.セーナーナーヤカ（D.S.Senanayaka）が就任し、UNPは与党となり[71]、選挙に基づく民主主義体制の下で、議会はシンハラ人が多数を占めることになった。シンハラ人は、自らを植民地時代の差別の被害者だと考えていて、これを是正し、シンハラ文化とシンハラ仏教を保護するため、シンハラ人による政治改革の機運が高まった。その結果、バンダーラナーヤカは、次第にシンハラ人の支持を大幅に増やし、スリランカ・タミル人エリート層と協調的なUNPと距離をおくようになった。一方で、スリランカ・タミル人のエリート層は、植民地支配下においてスリランカの権益をにぎっていた過去の栄光にとらわれていた。そしてシンハラ人が主導権をにぎっているのを見て危機感を募らせた[72]。

　こうした中、シンハラ人の心情を読み取ったバンダーラナーヤカは、UNPはもはや多数派のシンハラ人の利益を代弁する政党ではないとし、1951年にUNPを離党し、同年に「スリランカ自由党（Sri Lanka Freedom Party、略称SLFP）」を結成した。バンダーラナーヤカは1956年の選挙で、シンハラ語の公用化と、「分割統治」制度によってスリランカ社会で抑圧されてきたシンハラ人の利益を尊重する教育の再構築を掲げて勝利した。このSLFP政権の下で、シンハラ語の公用語化法が1956年6月に立法された[73]。シンハラ語が公用語として採用されることで、シンハラ人の間で、シンハラ人仏教徒の解放が達成されるとする気運が高まるようになった。シンハラ語のみ（シンハラ・オンリー）を公用語とするバンダーラナーヤカ率いるSLFPは、英語の運用能力が不十分なことで国内において存在を否定され得てきた多数派シンハラ人の教師、学生をはじめとする若者の支持を集めた。近代スリラ

表 4-1　独立以降のスリランカの略史

1948 年	英国からセイロンとして独立
1949 年	スリランカ・タミル人の強い要求によってインド・タミル人の市民権・選挙権を剥奪
1955 年	シンハラ・オンリー政策の決定。シンハラ語が公用語となる → この頃から各地でシンハラ人とスリランカ・タミル人の暴動が繰り返される
1972 年	憲法改正を行い共和国へ移行し、国名をスリランカ共和国に改称 → スリランカからの分離独立を目指すタミル人武装組織「タミルの新しいトラ（TNT）」の結成 → TNT は 1975 年に北部ヤーパナヤ（ジャフナ）の市長を暗殺するなどテロ活動を続ける
1976 年	TNT が「タミル・イーラム解放のトラ（LTTE）」に改称
1978 年	議院内閣制から大統領内閣制に移行し、国名をスリランカ民主社会主義共和国に改称 → J.R. ジャヤワルダナ氏が初代大統領になる
1983 年	政府軍とタミル・イーラム解放の虎（LTTE）との内戦開始
1987 年	インドがスリランカに平和維持軍派遣、インド軍は LTTE 側の抵抗に苦戦
1990 年	インド平和維持軍が撤退、政府軍と LTTE との戦闘が激化
1993 年	LTTE の自爆テロによりラナシンハ・プレーマダーサ大統領が暗殺される
1995 年	暫定停戦成立後、政府軍と LTTE との戦闘が再開し、以後、内戦が長期化
2002 年	政府が LTTE との無期限停戦に合意、LTTE との直接和平交渉開始
2005 年	大統領選挙で対 LTTE 強硬姿勢のラージャパクサ首相が当選
2008 年	政府が LTTE との停戦合意破棄を閣議決定、LTTE への軍事攻撃を強化
2009 年 5 月	政府軍が LTTE を軍事制圧し、内戦終結
2010 年 10 月	大統領選挙でラージャパクサ大統領が再選
2015 年 1 月	大統領選挙でシリセーナ保健相がラージャパクサ前大統領を破り当選
2019 年 11 月	ゴーターバヤ・ラージャパクサが大統領に就任
2022 年 7 月	ラニル・ウィクラマシンハが大統領に就任（政治・経済危機による前大統領辞任後、議会が選出）

（注）網掛け部分は政府と LTTE との武力衝突期

ンカのエスニック・グループ間の緊張は、この「シンハラ・オンリー政策」の制定を機に始まったとする説が主流である[74]。

　バンダーラナーヤカ政権が成立し、新たに構成された議会では議会制民主主義プロセスを通じての少数派スリランカ・タミル人との妥協は困難となった。多数決の原理に基づいた議会制民主主義政治において、少数派の要求を

軽視し、多数派の利益を追い求めることになるからである。このような状況下では民主主義の規範が損なわれるのは当然である。それは、暴力を育てる豊かな土壌を作ることとなり、やがて、過激な分離主義の成長を促したとされる。さらに問題を複雑にしたのは隣国インドのスリランカへの介入である。スリランカ政府による対タミル人政策に 6,000 万人の同じタミル民族を抱える南インド・タミル・ナードゥ州政府の圧力や反発が強まったことで、逆にシンハラ人のエスノ・ナショナリズムが盛り上がったと考えられる。

　バンダーラナーヤカ政権は、1956 年に公用語法案を提出し、シンハラ語を公用語とする議案の協議が行われた際に、法案をめぐって、スリランカ・タミル人と議会の左派は異論を唱えたが、圧倒的多数の賛成派のシンハラ人議員は、これに配慮することはなかった。さらにスリランカ・タミル人は法案に反対運動を行ったことでタミル人に対するシンハラ人の暴動を引き起こし、コロンボを中心とするスリランカ西部で多数の犠牲者も出たとされる [75]。この状況を「多民族国家スリランカの危機」と呼ぶ国会議員もいたが、多数派のシンハラ系国会議員は、スリランカ・タミル人（特にウェルラーラ）とシンハラ人の間にさらなる亀裂が生じても動じようとはしなかった。

　シンハラ人とスリランカ・タミル人は、全島に散らばって暮らすようになっており、民族同士で結婚も稀ではない。スリランカ・タミル人の多くはヒンドゥー教徒であり、シンハラ人の多くは仏教徒であるが、宗教的な違いが暴力の火種となったわけではない。植民地支配が分割統治を持ち込むまで、スリランカではエスノ・ナショナリズムというものはなかったとされる。それまでは、スリランカの少数民族は多数派のシンハラ仏教文化を受け入れ、シンハラ人とスリランカ・タミル人が共存していた。しかし、1956年の公用語問題が、エスノ・ナショナリズムの誕生を招き、民族対立の火蓋を切るものとなった。

　公用語問題をきっかけに、スリランカ・タミル人とシンハラ人の関係は一気に悪化し、1957 年にスリランカは紛争の危機に直面した。バンダーラナーヤカ首相は、スリランカ・タミル人リーダーたちと交渉し、タミル人の優

遇措置の実施を図った。それが 1958 年 8 月に成立した「タミル語法（Tamil Language Act）」である。この法はシンハラ・オンリー政策を修正するもので、タミル語は、政府との応答、タミル人の政府系学校での教育、北部および東部州の行政において使用できるとされた [76]。これは実際上シンハラ・オンリー政策の部分的な撤回だったが、シンハラ人エスノ・ナショナリストの強硬な反対を受けることになった。その結果、バンダーラナーヤカ首相はエスノ・ナショナリスト過激派によって、1959 年 9 月に、あえなく暗殺される事態へと至った。その後、夫人のシリマヴォ・バンダーラナーヤカ（Sirimavo Bandaranayaka）が SLFP のリーダーに就任することになった。1960 年 7 月に行われた総選挙で SLFP が勝利し、同氏が首相に就任した [77]。

　1948 年の独立当時、タミル人はスリランカ人口の 1 割程度でしかなかったが、教育者、医師、エンジニアなど、社会の上層階級の 3 割以上をタミル人が占めていた。シンハラ人を多数派とする国で、タミル人が優先的に教育を受け、雇用の機会に恵まれていることを不満とするシンハラ人は少なくなかった。独立後、スリランカ政府は、タミル人が高等教育を受けることに制限を加える政策をおしすすめ、官庁で働くタミル人の割合も減少し始めた。スリランカ・タミル人はこれに強い反感を抱き、シンハラ人との間で大規模な衝突が頻発するようになった。

　1960 年に、言語に端を発するスリランカ・タミル人との問題は、北部州と東部州のタミル人の間で不満が爆発し、軍隊によって鎮圧される騒ぎとなった。これは、政府が後ろ盾となったタミル人に対する暴力の最初の事件であったとされる [78]。

　それまで、大学の入試が英語で実施され、スリランカ・タミル人に有利になっていたことから、1970 年の総選挙で再び SLFP のバンダーラナーヤカ夫人が首相の座につき、タミル人が、国内に占める人口の割合に比例して大学に入学する人数を制限し、シンハラ人を保護する「標準化システム（standardization system）」が導入され、スリランカ・タミル人の大学入学は制限されることとなった。

　1973年になって、標準化システムから、「地域割り当てシステム」へと移行し、これらの政策実施により、タミル人の大学入学者数がさらに減少する結果となった。1977年にUNPが政権の座につき、問題解決を図ったが、独立当時、3割を占めていたスリランカ・タミル人学生は、1割強へと減少するに至った[79]。

3. LTTEの出現・分離独立政策のテロ化

　シンハラ人優遇政策が展開される中、1970年に誕生した新内閣は1972年に憲法を制定し、セイロン[80]はスリランカとなり、英連邦内の共和国になった。憲法からは、少数派の保護に関する項目が外され、シンハラ語と仏教に特別な地位を与える項目が加えられた。これが対立の新たな時代への転機となった。スリランカ・タミル人は、新憲法に抗議し、いくつかの変遷を経て、「タミル統一解放戦線（Tamil United Liberation Front：以下、TULF）」が誕生し、北部・東部州の分離独立を求める動きが高まった。さらに、「タミル統一戦線（Tamil United Front：以下、TUF）」の過激派が集まって、1972年ごろからスリランカ・タミル人の間で結束を強めて武装組織を次々結成し、活動が始まった。この時、後にLTTEとなる過激派組織も結成され、スリランカ北・東部を「スリランカ・タミル人のホームランド」として、「タミル・イーラム[81]」の独立を求めるようになった。これらの組織の中には、インドで訓練を受け、資金を得ていたグループもあったが、いずれも主流となって軍隊を結成するにはいたらなかった。そして、スリランカから分離独立を求めるタミル人過激派集団のうちLTTEが最強のものになった。LTTEは1972年に「タミルの新しい虎（Tamil New Tigers：以下、TNT）」として発足し、1976年にはV.プラバカラン（V.Prabhakaran）を指導者としてLTTEと改名した。この頃のインドは、スリランカのタミル人武装集団を支援していたが、その目的はスリランカにタミル人国家を建設させる

ことではなく、インドに利益をもたらすためにスリランカ政府に圧力をかけることだった。ところが、LTTEはすばやくその意図をかわし、スリランカ政府や、LTTEと対立するタミル人組織に攻撃をかけるようになった。やがて、LTTEは最強のグループとなり、みずからタミル人の「唯一の代表」を名乗るようになったのだ。

　1977年7月の総選挙でUNPは、経済の自由化、民族紛争の解決、強力な執行権を備える新憲法体制への移行を掲げ国民から支持を集め、野党第一党となった。新政権が発足すると、その直後の1977年8月から9月には大規模な暴動が起こり、スリランカ・タミル人に対する直接的暴力が、国内政策に位置づけられるようになった。この暴動以降、実権を握るシンハラ人の政党はますます支持者の暴力に目をつむり、治安の乱れを放置するようになったとされる。それはすなわち多数派のシンハラ人政府対少数派のスリランカ・タミル人という構図を鮮明にするものであった。そしてこのような構図は反撃としてタミル人武装組織によるテロを誘発し、それが、さらにスリランカ・タミル人に対する暴動をひき起こすという悪循環をたどった。

　J.R.ジャヤワルデネ（J.R.Jayewardene）政権は、諸問題の解決を目指して大統領制へ体制転換するため1977年10月に憲法改正を行い、1978年2月に自ら大統領に就任した。その上で同年9月に新憲法を採択した。タミル人は、北部州と東部州の独立を要求し、連邦制の政府の発足を求めていたが、逆に、中央集権体制が強化され、議会制民主主義は廃止された。新憲法では、シンハラ語とタミル語をスリランカの公用語として認めている。だが、宗教においては、信仰の自由を認めているものの、仏教を最優先するものとなっている[82]。

　その後の政策は、社会におけるシンハラ人の支配を強化し、シンハラ中心社会の中にスリランカ・タミル人をそれなりに同居させる形で進められた。さらに東部州のタミルはヤーパナヤ（ジャフナ）のタミル人より低いカーストであるため、スリランカ・タミル人の間の緊張も高まり、低カースト・タミル・グループに力を与えた政府の戦略で、ヤーパナヤ（ジャフナ）タミル

人（上位カーストのウェッラーラ）は、孤立を余儀なくされることとなった。

　スリランカ・タミル人の若者によるテロなどの直接的暴力は、政府にLTTEに対してあらゆる強硬手段を行使する口実を与えることとなった。時を同じくして、LTTEの政府への攻撃は急速に頻発するようになった。1979年に、UNP政権は「テロ防止法（Prevention of Terrorism Act：以下、PTA」を成立させ、暴力の鎮火を図ったが、刑罰を課すことでスリランカ・タミル人の反政府感情をあおることとなり、政府軍による留置場での拷問が、アムネスティ・インターナショナルの報告書で取り上げられることとなった。

　1983年に、LTTEが13人の陸軍将校を殺害し、多くのシンハラ人の間に反スリランカ・タミル攻撃の動きが高まった。タミル社会は、膨大な破壊と人命の損失を味わうことになった。政府公式の死亡者数は400人とされているが、3,000人近いとする説もある。一部には政府が暴動をあおったとする見方もあるが、これが全面的内戦の火蓋を切るきっかけとなり、各地のスリランカ・タミル人穏健派と過激派の結束は強まり、シンハラ人のナショナリズムも強化することとなった[83]。

　これらの出来事が数十年にわたる暴力のきっかけとなって、LTTEとスリランカ政府の間の武力闘争は20年以上にわたって続いた。これは、南インドや特にアメリカ、カナダ、イギリス、オーストラリアなど西洋諸国へのタミル人の大規模な移民の始まりを示し、LTTEの大きな資金源となり、スリランカに対する国際キャンペーンの基盤と軍事力の増強戦略をもたらし、スリランカ内のLTTE支配地域の形成の基盤となった[84]。

4. 対立の激化

　全面武力衝突が始まってから、LTTEは急速に成長した。1983年のはじめに300人足らずであったグループは、1987年には国内最大の武装勢力へと躍進し、数千人のグループになった。インドからの資金提供、強いリーダー

シップ、組織力で、LTTEは、スリランカ・タミル人が多数を占める北部州の中心地、ヤーパナヤ（ジャフナ）半島の実効支配権を掌握した。1987年1月に、LTTEがヤーパナヤ（ジャフナ）を支配する恐れがあると見たジャヤワルデナ政権は、ヤーパナヤ（ジャフナ）半島に経済制裁を課し、対立はさらに深刻化することとなった。スリランカ政府軍とLTTEとの戦いは、1987年6月、LTTEの支配下にあった、スリランカ北部の地域（ヤーパナヤ半島）に対するスリランカ軍の攻撃で激化した。

　そこで、当時のインド政府（ラジブ・ガンディー政権）は、「人道上の見地」からという理由で、スリランカの北部地域に輸送機を飛ばして救援物資を投下した。インドによるこうした行為は、領空侵犯であり、スリランカとの信頼関係を損なうことになった。インドが取った行動は、スリランカの治安情勢をさらに不安定にさせ、経済が大きく落ち込む結果となった。そして東部におけるLTTEと政府軍の戦いが本格化し、コラバ（コロンボ）を中心とした南部地域でもテロ攻撃が多発するようになった。民間人の犠牲者も数多く、1987年1月までに、1万人あまりの民間人が犠牲になったとされている。1987年7月までの政府軍兵士の犠牲者は689人、LTTE側では、631人が死亡したとされる。同年の国内防衛予算が、政府支出の2割まで増加された[85]。

　では、なぜインドはこの時期にスリランカのタミル人問題に干渉したのか？インドとスリランカの強国との関係を見れば、その原因が見えてくる。当時、スリランカのジャヤワルダナ政権は南アジアで初めて自由経済を採用し、米国との関係を強化していた。一方、インドはソ連との関係が深く、計画経済を推進していた。そのため、インドの裏庭に親米国家が存在することは、インドにとって受け入れがたいことだったのだ。

5. 問題解決のための交渉

　周辺諸国の仲介により問題解決が図られ、1987年7月にインドとの間に「インド・スリランカ合意」を結び、それに基づいて、「インド平和維持軍（Indian Peacekeeping Force：以下、IPKF）がスリランカ北部に派兵された。しかし、インド平和維持軍は十分な成果を上げず、むしろ、スリランカ国内の反インド感情を激化させることになった。そのため、インド政府は、1989年10月、インド平和維持軍の撤退を決定し、1990年3月に撤退完了した[86]。きっかけとなったのは1989年にUNPを率いるラナシンハ・プレーマダーサ（Ranasinghe Premadasa）が大統領に就任したことである。プレーマダーサ大統領の要請により、IPKFは撤退し、大統領はLTTEとの直接対話に臨むこととなった。1989年4月から1990年6月までに、計12回の交渉が行われたが、交渉は決裂し、LTTEと政府軍との対立は続き、UNPは汚職の発覚などにより人気を失い、プレーマダーサ大統領をはじめ与野党の有力指導者の相次ぐ暗殺などもあって、勢力を失っていった[87]。これらの暗殺はLTTEの自爆テロによるもので、政局が停戦・和平交渉に向かうことを妨げたとされる[88]。

　その後、1994年8月の総選選挙でチャンドリカ・クマーラトゥンガ（Chandrika Kumaratunga）率いる人民連合（People's Alliance：以下、AP）が政権に就き、スリランカ・タミル人からも支持を得るに至った。クマーラトゥンガ大統領は、LTTEとの和平交渉を即時に開始し、1995年1月1日に停戦合意が成立したが、同年4月になってLTTEは攻撃を再開し、その後、紛争はさらに激化した[89]。

　2001年12月の総選挙でUNPの政権が誕生した。しかし、大統領はSLFPのクマーラトゥンガのままで「ねじれ状態」になっていた。ラニル・ウィクレマシンハ（Ranil Wickremesinghe）首相は、批判にさらされながらも、和平の推進に鋭意取り組み、2002年2月に停戦調停を結ぶことに至った。

その後、スリランカ政府とLTTEは2002年9月にタイで和平交渉を開始し、計6回の和平交渉が行われ、2003年には「スリランカ復興と開発に関する東京会議」が開催された。しかし、その後も散発的なテロや政府要人暗殺が発生するなど、和平に進展は見られなかった。

▍6.　2005年の大統領選挙からLTTEの打破へ

　すでに述べたように、スリランカでは、1983年から北部と東部を中心に居住する少数派スリランカ・タミル人の反政府武装勢力LTTEが、スリランカの北部と東部の分離独立を目指してテロを繰り返し、政府側との間で紛争状態が続いていた。そのような状況の中、マヒンダ・ラージャパクサ（Mahinda Rajapaksa）は、2005年11月の大統領選挙でスリランカ自由党（SLFP）を中心とする政党連合である統一人民自由連合（UPFA）から出馬し、統一国民党（UNP）のラニル・ウィクラマシンハを破り、勝利した。選挙当時のスリランカは、2002年2月に政府とLTTEが結んだ停戦合意下にあったが、LTTEは停戦合意違反を繰り返していたため、実質的には戦闘状態が続いていた。人民解放戦線（JVP）やスリランカ遺産党（JHU）など、他のUPFAのメンバーがLTTEの軍事的制圧を要請する中、ラージャパクサ大統領はテロ行為をやめ、和平会談を再開するようLTTEに求めた。だが、LTTEは政府軍や民間人への攻撃を強化し、2006年6月に自爆テロによってフォンセーカ陸軍司令官の暗殺を試みた。さらに、同年7月にスリランカ北部マダカラプワ（バテイコロア）県東部の生活・農業用のマーウイルアール（Mavilaru）水路を堰き止めた。この事件を契機に、自爆テロによる負傷から復帰したフォンセーカ司令官が率いる政府軍は、これまでにない規模で陸軍、海軍、空軍、警察、および民間警備隊などの総力をあげて、LTTEの制圧に乗り出した。時期を同じくして、停戦交渉に協力していたノルウェーをはじめ欧米諸国の影響力は徐々に低下し始めた。さらに、文化的にも地理

的にも関係の深いインドも、インドのタミル・ナードゥ州からの圧力を受け、スリランカと距離をおき、政府軍への武器供与を取りやめるなどを決め、スリランカへの関与は最小限にとどめていた[90]。

　こうした中、中国は 2004 年 12 月に起きたインド洋津波支援をスムーズに行い、スリランカでのプレゼンスを高めていた。しかし、中国が積極的にスリランカに関与し始めたのは 2007 年からとされる。具体的には、2007 年 3 月に LTTE がスリランカ空軍のカトゥナーヤカ基地およびバンダーラナーヤカ国際空港を攻撃し、飛行機 10 機を破壊した際に、中国はスリランカに 6 機の F7 戦闘機を無償で提供したのだ。また、同年 4 月には、陸海軍の強化のために 3760 万米ドルでレーダー探知機や武器弾薬なども供与された。この他にも、時期を同じくして、親中国であるパキスタンもスリランカに武器や空軍に対する訓練などの支援を行ったのだ[91]。このように中国はスリランカにとってタイミング良く支援の手を差し伸べたのである。また、軍事的な支援に加えて 2007 年 3 月「ハンバントタ港開発」に調印するなどの大型インフラ開発も推し進めた。

　一方で、米国をはじめとする欧米諸国は政府軍による LTTE への軍事作戦を非難し、和平交渉を再開するよう強く求めた。その最大の理由は、戦場の悪化による民間人の犠牲を防ぐためであったとされる。さらに、米国は 2007 年 12 月にスリランカへの軍事支援を停止した。インドも、米国に追随してスリランカへの軍事支援などを停止することになった。しかし、そのタイミングで中国や親中のパキスタンなどは、スリランカ経済への大打撃を回避するために、資金援助、軍事物資の提供、さらには国連での政治的援護まで行った。こうした中国の手厚い支援もあって、ラージャパクサ政権は LTTE に対して強硬な姿勢を示し、2008 年 1 月に、2002 年の LTTE との停戦合意はもはや無効になったとして、停戦合意から脱退した。それ以降、政府軍と LTTE との間で戦闘が激化したが、2009 年に入ると政府軍による攻撃が強まった。政府軍は、2009 年初頭から 3 月にかけて、LTTE の支配下にあった北部地域における主要拠点を政府軍の支配下におき、5 月 16 日に

はすべての海岸線の奪還に成功した。このように中国からの支援によって、2009年5月にスリランカ政府軍はLTTEの拠点を制圧し、ようやくLTTEによるテロとの戦いを終わらせることになった[92]。中国は軍事的支援を投入し、スリランカが26年に及ぶタミル人分離主義組織との戦いを終わらせた後も、さらにテロとの戦いで疲弊した経済の復興のため、数十億米ドル相当のインフラ融資を提供することにした[93]。

　このように、2005年に大統領に就任したマヒンダ・ラージャパクサは、中国の援助を得て、スリランカ政府軍とLTTEとの戦いを勝利に導いた。その後、彼はスリランカ国内で圧倒的な人気を得ることになり、2010年に行われた大統領選挙でも再選を果たすこととなった。

7. 英米諸国のラージャパクサ・アレルギー

　英米諸国のラージャパクサ大統領に対する苦手意識は、2009年5月のLTTE打破の前後に深まったとされる。LTTE打破直前の2009年4月29日に英国のミリバンド（David Milliband）外相をはじめとするトップレベルの外交団がスリランカを訪問している。その目的はLTTEのリーダーをはじめとする中心メンバーの救済であったとされる。LTTEは、以前から英国やカナダなど英米諸国で活発に活動を展開しており、この「救済作戦」もLTTEの海外ネットワークを活かして実現したとされる。スリランカ南部アッビリピティヤ（Embilipitiya）でラージャパクサと会談した外交団は、「LTTEへの軍事作戦を直ちに取り止めるよう」圧力をかけたとされる。しかし、ラージャパクサは、「これまでも同じことを繰り返しており、今回は最後までやる。スリランカはもはや植民地ではない。私は国民に選ばれた国民の代表だ。国民の望みは内戦を終わらせることだ。私はそれを叶えたい。」と述べ、応じなかったことは周知の事実である[94]。それ以来、英米諸国がラージャパクサ排除に打って出たことは明らかだ。ラージャパクサ政権に対する、人

権侵害疑惑や中国とのつながりを、強権政治や親中政治などと誤解釈し、厳しく追及する英米諸国の姿勢は、その排除方針の一環とされる。

8. 人権問題をめぐる英米諸国のダブルスタンダード（二重基準）

　スリランカに対する英米諸国の圧力はLTTEに対する軍事作戦終了後も続き、2009年5月にはジュネーブで国連人権委員会（略称UNHRC）が開かれ、スリランカの戦争犯罪への関与と現状を調査すべきだと主張した。しかし、スリランカの主張は賛成29、反対12、棄権6で受け入れられた。賛成国の大半はアジアとアフリカの国々であった。これらの国々は、英米諸国（アングロサクソン諸国）のダブルスタンダードに反対票を投じたと言える。賛成した国々は、スリランカのような小国に対しては人権問題を厳しく追及する一方で、自国に脅威を与えるテロ組織は徹底的に撲滅するという、英米諸国の二重基準の矛盾を否定したのである。

　ここで、国連をはじめとした国際社会からの要請を受け、ラージャパクサ政権は、国民和解を進めるため2010年5月に「過去の教訓・和解委員会（Lessons Learnt and Reconciliation Commission：以下、LLRC）」を設置した。そうした中、2010年6月、国連事務総長はスリランカ内戦に関する報告書を作成するための専門家委員会を任命した。マルズキ・ダルスマン（Marzuki Darusman）が委員長を務める専門委員会は報告書（Report of the Secretary-General's Panel of Experts on Accountability in Sri Lanka）を2011年4月25日に提出し、政府がLTTEとの戦いの最終段階で戦争犯罪やその他の人道法および人権法の違反を犯したとして、独立した国際調査の即時開始を求めた。さらに、スリランカ政府が組織したLLRCには深刻な問題があり、LTTEとの武力紛争に対して十分な責任を果たしていなかったと指摘した[95]。この頃、英国BBCチャンネル4は、ゴーターバヤ・ラージャパクサ国防次官（当時）がLTTE指導者らの捕虜を認めず殺害するように命じたと、

スリランカ政府を批判する内容を放送した。国連人権理事会のフィリップ・アルストン（Philip Alston）は、チャンネル 4 が放送した番組の囚人殺害映像は本物であると述べ、さらに第 19 回国連人権理事会（2012 年 3 月）でも囚人殺害映像は本物であると報告した。そしてスリランカ政府に対し、これらの勧告に対しての対応を要請した。

　また、対 LTTE 軍事作戦後、英国、カナダ、米国の政府によって支援されているタミル人ディアスポラ[96] の一部によって、対 LTTE 戦争の最終段階でスリランカ軍が犯した戦争犯罪の疑いに対して、スリランカに対して犯罪者を訴追するよう強い動きがあった。加えて、英国政府は、スリランカ政府がこの問題に関して満足のいく説明をするための進展がないため、国際的な調査を提案したとされた。

　これらの批判に対して、スリランカ政府は国連専門家報告書のすべての勧告を拒否した。ラージャパクサ大統領は、意図的な民間人の殺害はなく、違反や戦争犯罪の申し立てには根拠がないと主張した。さらに、2012 年 8 月 1 日、スリランカ国防省は反論報告書を発表した。同報告書では、LTTE は世界で最も残忍なテロ組織であり、いかに人びとに苦痛を与えたか、一方でスリランカ政府は人道的に行動し、治安や民主政治の回復に貢献していることを主張した。さらに、チャンネル 4 の報道に対して、チャンネル 4 が放映した映像は捏造であり、資金援助と密輸という形で LTTE を支援し、現在も「タミル・イーラム」の樹立を画策しているとし、チャンネル 4 の報道がタミル人ネットワークに言及していないのは奇妙だと反論した。

　一方、スリランカ政府によって任命された LLRC は、全国で公聴会を開催し、さまざまな当事者からの証言をまとめ、2011 年 11 月 20 日にラージャパクサ政権に報告書を提出した。最終報告書には LTTE との戦い末期の人権問題の調査、国民和解の促進、人権状況の改善などに関するさまざまな勧告が含まれている。要するに、同報告書では、民間人の殺害や違法行為の証言があるとし、証言された者に対する違法行為を非難し、徹底的な捜査と起訴、問題が明らかになった場合の処罰を求めた[97]。これに対して政府は、

LTTEとの戦い中に犯された犯罪が証明された場合、容疑者は国内司法制度の下で裁判を受けると表明した。しかし、国連事務総長が指名したダルスマン・パネルとスリランカ政府が後援したLLRC報告書による2つの包括的な調査と報告書が提出され、いずれも、訴追の根拠となる政府軍による残虐行為の詳細を明らかにすることはできなかった。

　ここで取り上げるべき問題は、スリランカ政府軍による意図的な民間人の殺害、拷問、拉致がどの段階で、どのような規模で行われたのか、つまり、何千人もの民間人が戦場から強制的に収容所に連れ去られ、そこで拷問や処刑が行われたのか、ということだ。もしそうだとすれば、LTTEに対する軍事作戦が終了してから10年以上経っても、独立した情報源から裏付けとなる証拠が提供されないのはなぜか？また、対LTTE軍事作戦で民間人が意図せず死亡したことは、ジュネーブ条約や国際刑事裁判所が定義する国際人道法上の犯罪を構成するのであろうか？

　スリランカの「国民統合問題」は、LTTEに対する軍事作戦後の和解プロセスが、スリランカを不安定化させ、スリランカ社会にさらなる分裂を生み出そうとする外部勢力の意図によって妨げられないよう、できるだけ早く解決される必要がある。言い換えれば、人権問題を口実にスリランカに関与し、スリランカを支配するために分裂を利用しようとする悪巧みが繰り返されないようにすることが、何より優先されるべきではないだろうか。

注

68) 古典的植民地主義（Colonialism）とは、大航海時代から20世紀初頭にかけて、ヨーロッパ列強が他国を占領、支配し、領土、資源、人材を剥奪することで自国の勢力を拡大した行為を指す。この行為は、スリランカをはじめ多くの国で貧困と遅滞をもたらし、多くの人びとに苦難と死をもたらした。

69) 新植民地主義（Neocolonialism）とは、経済的、政治的、文化的影響力を行使して、直接支配することなく途上国を支配することを指し、多くの場合、より強力な国によって支配されている。西川 長夫氏の『〈新〉植民地主義論 — グローバル化時代の植民地主義を問う』、平凡社、（2006年）を参照。

70) 地政学的対立とは、特定の地域における戦略的優位性と影響力をめぐる国家間の競争を指す。

71）Wckramasinghe, Nira. *Ethnic Politics in Colonial Sri Lanka, 1927-1947*. New Delhi: Vikas Publishing House, 1995 を参照。

72）Roberts, Michael, ed. *Documents of the Ceylon National Congress and Nationalist Politics in Ceylon 1929-1950*. 4 vols. Colombo: Department of National Archives, 1977 を参照。

73）これまでスリランカの公用語は英語であった。この公用語化法（Official Language Act No.33 of 1956）よりシンハラ語が公用語になる。

74）De Votta, Linus Neil. Blowback: *Linguistic Nationalism, Institutional Decay, and Ethnic Conflict in Sri Lanka*. Stanford, CA: Standford University Press, 2004 を参照。

75）川島耕司『スリランカと民族　シンハラ・ナショナリズムの形成とマイノリティ集団』（明石書店、2006年）、p.226。

76）De Silva, K. M., *Sri Lanka – Problems of Governance*, New Delhi：Konark, 1993、pp.290-291.

77）Dissanayaka, T. D. S. A. *The Dilemma of Sri Lanka: An in-Depth Account of the Current Ethnic Conflict in Sri Lanka*. Colombo: Swastika, 1993 を参照。

78）Robert N. Kearney, *Communalism and Language in the Politics of Ceylon*. New Delhi: Chanakya, 1982 を参照。

79）De Silva, C. R. "The Politics of University Admissions: A Review of Some Aspects of the Admission Policy in Sri Lanka 1977-1978", *Sri Lanka Journal of Social Sciences* 1 (1978): 85-123 を参照。

80）スリランカの国名は1972年までセイロンと呼ばれていた。セイロンの古名はセレンディップである。

81）タミル・イーラムとは、タミル語で「タミルの国」という意味になる。

82）Guneratna, Rohan. *Sri Lanka's Ethnic Crisis and National Securty*. Colombo: South Asia Network on Conflict Research, 1998 を参照。

83）Marga Institute, ed. *A History of Ethnic Conflict in Sri Lanks: Recollection, Reinterpretation and Reconciliation*. 19 vols. Colombo: Marga Institute, 2001 を参照。

84）Narayan Swamy, M. R. *Tigers of Lanka, from Boys to Guerrillas*. 3rd ed. Delhi: Konark Publishers, 2008 を参照。

85）Chandraprema, C. A. *Gota's War*. Colombo: Vijitha Yapa Publications, 2012 を参照。

86）1987年から90年までスリランカに派兵されたインド平和維持軍とLTTEとのゲリラ戦で1200人以上の兵士が犠牲になった。さらにその後、インドはLTTEに報復を受けることになり、1991年5月、南部タミル・ナードゥ州選挙運動を行っていたラジーブ・ガンディー氏を自爆テロで失うことになる。

87）1993年5月1日、LTTEの自爆テロによってプレーマダーサ大統領が暗殺された。

88）Jayatilleka, Dayan. *The Indian Intervention in Sri Lanka 1987-1990: The North-East Provincial Council and Devolution of Power*. Kandy: International Center for Ethnic Studies, 1999 を参照。

89）Wilson, Graeme, *CBK: Chandrika Bandaranaike Kumaratunga and Her Leadership of Sri Lanka*.

London: Media Prima, 2005 を参照。

90）Bandarage, Asoka, *The Separatist Conflict in Sri Lanka: Terrorism, Ethnicity, Political Econimy,* Abingdon: Routledge, 2009 を参照。

91）"China's aid revealed in Sri Lanka's victory parade". *The National*, (2009), 入手先：〈https://www. thenationalnews.com/world/asia/china-s-aid-revealed-in-sri-lanka-s-victory-parade-1.556125〉閲覧日：2020 年 11 月 15 日。

92）2009 年 5 月 19 日、LTTE の最高指導者である V. プラバーカランの死亡が確認され、スリランカ大統領は同日、内戦の終結を宣言した。

93）Wejewardana, *Don. How LTTE Lost The Ealam War: Defeat of The Tamil Tiger Terrorists Who Ravaged Sri Lanka For Over 30 Years*. Pannipitiya: Standford Lake Publication, 2010 を参照。

94）Chandraprema. C. A, Gota's War: The Crushing of Tamil Tiger Terrorism in Sri Lanka. Ranjan wijeratne Foundation, Colombo, 2012, pp.463-68.

95）"Report of the Secretary-General's Panel of Experts on Accountability in Sri Lanka,"（2011 年 3 月 31 日）、入手先：〈http://www.un.org/News/dh/infocus/Sri_Lanka/POE_Report_Full.pdf〉閲覧日：2023 年 4 月 27 日。

96）海外には、LTTE 残党が未だ存在するとされる。これは、スリランカが LTTE との戦い中、そして打破後も直面しているもう一つの厄介な問題である。タミル・ディアスポラは、スリランカで LTTE との戦いが激化した 90 年代半ばに、米国、カナダ、ヨーロッパ、オーストラリアに渡ったタミル人で構成されている。彼らは、INGO、NGO、フロント組織を通じてファンド・ライジングを行い、その資金で武器を購入したり、ロビー活動をしたりなどスリランカ政府に不利になるよう国際社会の圧力を高めることで、LTTE の存続に貢献してきた。

スリランカ国内の LTTE は全滅しても、彼らの過激な思想 ― タミル人のための単一民族国家の設立 ― はタミル人ディアスポラに根強く残っている。残念なことに、スリランカの外交使節の稚拙な戦略のために、彼らはいまだにスリランカの政治的安定を損ない、経済的にダメージを与えるためにあらゆる手段を講じている。タミル・ディアスポラは、インターネット・SNS などの通信手段を最大限に活用し、スリランカ政府に否定的な影響を与えるような見解やイデオロギー（ネガティブキャンペーン）を広めてきた。彼らは、現在もスリランカ政府に圧力をかけ続けている。

97）"Final Report by Lessons Learnt and Reconciliation Commission", (2011 年 11 月)、入手先：〈http://www.priu.gov.lk/news_update/Current_Affairs/ca201112/FINAL%20LLRC%20REPORT.pdf〉閲覧日：2023 年 5 月 16 日。

第5章
LTTE の打倒とその後のスリランカの政治
― スリランカが抱える内憂外患 ―

　前章で明らかにしたように、LTTEの打倒前後の政治は、スリランカが直面する内外の問題と、ラージャパクサ政権の外交政策の変化に象徴されている。本章では、ラージャパクサ政権がLTTEとの戦いに終止符を打ち、近隣のインドや中国、そして欧米諸国がスリランカの内政にどのように関与していったのかを、スリランカの内政を中心に検証する。

1. 2010年の大統領選挙前後の動き

　LTTEのテロ問題終結後、ラージャパクサ（Mahinda Rajapaksa）大統領は任期を2年残し、大統領選挙の繰り上げを決定した。この時点において、ラージャパクサに対抗し得る候補者はいなかった。草の根の組織力を持たないUNPのウィクラマシンハ（Ranil Wickremasinghe）は、国民から支持を集めるのはかなり厳しいとされていた。その原因としてリーダーとしての能力不足やLTTEの分離独立要求に対する姿勢などが挙げられる。そこで、戦略を練ったUNP党首のウィクラマシンハは、UNPを中心に結成された統一国民戦線（United National Front：以下、UNF）の野党共通候補者として、ラージャパクサと共に内戦終結に大きな役割を果たした元陸軍司令官のフォン

表 5-1　2005 年以降の大統領選挙結果

選挙年月	投票率（%）	UPFA（SLFP）	UNP	SLPP	与党共通候補（NDF）	野党共通候補（NDF）
2005 年 11 月大統領選	73.7	ラージャパクサ	ウィクレマシンハ	―	―	―
2010 年 1 月大統領選	74.5	ラージャパクサ	―	―	―	フォンセーカ
2015 年 1 月大統領選	81.5	ラージャパクサ（47.6%）	―	―	―	シリセーナ（51.3%）
2019 年 11 月大統領選	80.0	―	―	ゴーターバヤ（52%）	プレーマダーサ（42%）	―

出所：スリランカ選挙管理委員会（Election Commission of Sri Lanka）のデータを基に筆者作成

セーカを選んだ。そこで注目すべき点は、フォンセーカの選挙公約に執行大統領制の廃止を掲げたことである。それは、スリランカでは大統領選挙で大統領に選ばれないウィクラマシンハが、首相として権力を掌握するための戦略であったとされる（表5-1）。

　こうした背景の下、2010年1月に大統領選挙が実施され、ラージャパクサ氏が再選された。その後、同年4月に議会選挙が実施され、同大統領が率いるSLFPを中核とする与党UPFAが過半数を大きく上回る144議席を獲得し、引き続き政権運営にあたることとなった。国会の3分の2以上の議席を確保したUPFAは2010年9月には大統領の三選禁止条項を撤廃する改憲が承認され、長期政権の流れが確実となった。ここで注目するべきポイントは、「大統領の三選禁止条項の撤廃」である（表5-2）。ラージャパクサは国民から圧倒的な支持に支えられていたために改憲も許されると考えた。しかし、そこに彼の大きな誤算があった。スリランカは、1931年の第一回選挙から民主主義的な手続きや制度を維持している。たとえLTTEテロ問題解決の立役者であったとしても、スリランカの民主主義を覆すような憲法改正は国民から支持されるものではなかったのである。

表5-2　近年の憲法改正

改正次	改正年	内容
第18次改正	2010年	大統領の三選禁止条項の撤廃、二重国籍有する者の立候補禁止
第19次改正	2015年	大統領の首相解任権の削除、大統領三選禁止条項の復活
第20次改正	2020年	議会解散時期の早期化、司法長官任命の簡易化

出所：各資料を基に筆者作成

　その一方で、政府は、LTTEの打破後に国防省を国防・都市開発省へと改称し、領土統一の実現と平和の到来とともに、余剰となった戦力をインフラ整備にも動員した。その結果、復興需要ならびに観光業の復活を成し遂げた。LTTEの軍事的制圧による人権・人道問題に関して西側諸国で厳しい目線にさらされる中、スリランカは中国との関係をさらに深めることになっ

た。ラージャパクサ政権は、LTTEのテロの打破後の復興のためのインフラ建設や経済発展が国民との和解に欠かせないとし、中国から巨額の援助を迅速に受けることにした。内戦終結に伴う社会の安定化を土台に、個人消費や復興のための投資が拡大し、2010年と2011年にGDPが平均で8％台と大きく成長した。また、LTTEの打破直後から、スリランカの株価指標は急ピッチで上がり始め、2011年4月までの2年間で4.5倍に上昇し、世界の株式市場でも有数の上昇率を示した。この時点で、スリランカは世界中の投資家からも注目を浴びるようになる。こうした紛争後の復興を支えたのは、中国からの資金である。また、中国以外の日本などからも直接投資が流入し、特に、通信やITなどのインフラ整備およびホテル・オフィス・店舗・住宅などへの投資が拡大した。スリランカに進出している多くの中小企業は、同国の地理的優位性に着目し、アジア以西への事業展開の拠点にしているとされる。このタイミングで中国は、BRI構想に沿って多額の資金をスリランカに融資し、2010年に開港したスリランカ南部のハンバントタ港などの大規模なインフラ開発を支援してきたのだ。こうしたプロジェクトの結果、スリランカの対外債務残高は、名目GDP比60％まで膨れ上がり、債務返済に苦労するようになった。なお、スリランカ政府は2001年から2017年末までの中国輸出入銀行からの融資が累計72億米ドルにのぼると、2017年6月に公表している。

2. 2015年の大統領選挙および議会選挙 — ラージャパクサ勢力の敗北

　2014年、再びラージャパクサは大統領選挙の繰り上げ実施を決定し、大統領の三選に向けて選挙キャンペーンに総力をつぎ込んだ。一方で、UNPのウィクラマシンハ率いる野党勢力も第19次憲法改正を行って首相の権限を強化することで一致し、野党共通候補としてラージャパクサ政権の保健大臣を務めていたシリセーナを対立候補者に選んだ。ここで注目すべき点は、

ウィクラマシンハのリーダーシップの下で、UNPはこれまでの選挙におい
てラージャパクサ陣営に負け続けていることである。大統領選挙に出馬して
もウィクラマシンハは、ラージャパクサ氏に勝てない。つまり、スリランカ
の大統領は国民が直接選挙で選ぶ仕組みになっており、国民からの信頼の薄
いウィクラマシンハは、大統領になるのはかなり厳しいのだ。そこで、ウィ
クラマシンハは、2010年の大統領選挙と同様に勝てる候補を立て、選挙後
に憲法改正を行うことで首相の権限を強化し、権力を掌握するという作戦に
打って出たのだ（表5-2 参照）。

　2015年1月に大統領選挙が実施され、シリセーナ野党共通統補がラー
ジャパクサ氏を破り当選した。シリセーナは、UNPと協力し、政権を樹立
し、ウィクラマシンハが首相に就任した。その後、同年8月に議会選挙が
実施されUNPが225議席のうち106議席を獲得した。UNPの獲得議席は
単独過半数には至らなかったが、95議席獲得した第二党のSLFPと大連立
を形成し、ウィクラマシンハが首相に再任された（表5-3）。同政権はその
後、選挙公約に基づいて第19次憲法を改正し、大統領の任期（5年）を2
期に制限し、大統領権限を議会との関係で弱め、首相の権限を強化した（表
5-2）。

表 5-3　2004 年以降の議会選挙結果（※総議席数は 225）

選挙年月	UPFA（SLFP）	UNP	SLPP	SJB	その他小党
2004 年 4 月	105	82	──	──	38
2010 年 4 月	144	60	──	──	21
2015 年 8 月	95	106	──	──	24
2020 年 8 月	1	1	150	54	16

出所：スリランカ選挙管理委員会（Election Commission of Sri Lanka）のデータを基に筆者作成

　シリセーナ＝ウィクラマシンハ政権は、前政権を批判し、「全方位外交」
を志向するものの、前政権の続けてきた中国との関係を完全に断ち切ること
はできなかった。実際、中国のBRI構想に賛同したラージャパクサ前政権に
よる、インフラ整備などのための中国からの借入額は80億米ドルにのぼる

とされる。スリランカ南部ハンバントタ港建設に必要な資金の大半も中国輸出入銀行からの年率6.3％で借り入れたもので、その返済額は13億5千万円にのぼる。このため、ハンバントタ港を所管するスリランカ国営企業の株式の80％を99年間、中国国営企業に貸し出すことになった。ハンバントタ港周辺では、中国企業に経済特区を整備させることも決定しており、BRI構想のモデル事業とみなされている。一方で、事実上の売却と言われるリース（貸出）への批判も高く、地元住民や政治家による大規模な抗議デモが今もなお行われている。しかし、中国はBRI構想の基本理念として、沿岸国のインフラ整備などを共同で進める「相互利益」を主張している。

　シリセーナは就任直後、「私の最大の関心はインドだ」と述べ、就任後初の外国訪問先にもインドを選び、両国の「新しい関係」をアピールした。これに対し、中国外務省の報道官は「インドとスリランカの関係強化は喜ばしい。中国を含めた3カ国の関係強化は、地域全体にとって有用だ」と歓迎の意を示した[98]。その後、インドのモディ首相はスリランカがインドにとって南アジアでの最重要国であるとして同年3月にスリランカを訪問した。また、北京で2017年5月に開催されたBRI構想についての国際会議の直前にも、同首相はスリランカを訪問し、スリランカ東部トリクナーマラヤ（トリンコマリー）の石油貯蔵施設の共同運営に原則合意するなど両国の関係強化に努めた。

　その一方で、中国も大統領と首相を中国に招き、スリランカとの関係強化に努めた。さらに、2017年5月中旬に北京で開催された「BRI構想」会議にヴィクラマシンハ首相が参加し、同構想はスリランカに恩恵をもたらすと述べ、協力の意を示した。シリセーナ＝ヴィクラマシンハ政権は、過度の中国依存から脱却したバランスの取れた対中関係構築を掲げたものの、中断されていた中国企業による「コロンボ・ポートシティ（以下CPC）計画」は再開し、ハンバントタ港も中国企業と共同開発することになった。つまり、巨額の負債を抱えているため事実上中国に頼らざるを得ない状況が浮き彫りになったのだ。

3. 汚職および透明性の欠如と経済や治安の悪化

　上に述べたように、インド洋圏の要衝にあるスリランカをめぐる国際関係が厳しさを増す中、政権交代により、スリランカ中央銀行のトップに首相友人のアルジュナ・マヘンドラン（Arjuna Mahendran）が任命された。新総裁は、スリランカとシンガポールの二重国籍を有するエリートである。そのため、新総裁の任命を巡っては、シリセーナ大統領とウィクラマシンハ首相の間で意見対立があり、揉めていた。だが、首相は総裁の任命を強行に進めた。その後、マヘンドランは、義息にインサイダー情報を提供し、2人でソブリン債 [99]（sovereign bond）の売却利益を享受した容疑を受けた。また、総裁は、所有する政府クレジットカードで数百万ルピーを費やした件でも告発されている。ところが、2016年10月に国営企業委員会（Committee on Public Enterprises）が、マヘンドランは不正行為を行ったと指摘したにもかかわらず、首相は、マヘンドランに対し、措置を講じていなかった。国民の批判が高まる中、マヘンドランをシンガポールに逃したとされる [100]。

　また、大統領と首相は国家安全保障政策の方向性や内戦の戦争犯罪への対処法などで対立構造が浮き彫りになっていた。ラージャパクサは2015年の大統領選挙に敗れたものの、同年8月の議会選挙でUPFAの候補者として当選した。また、2018年2月に行われた地方選挙でラージャパクサが後ろ盾となっているSLPPが、340選挙区中232を獲得し、ラージャパクサ陣営の持つ草の根の組織力を発揮した。その結果、シリセーナ大統領が党首を務めるSLFPの一部の議員の離脱により連立政権の弱体化がさらに進むことになった。

　このように、連立政権内の対立が厳しさを増す中、2018年10月26日にシリセーナ大統領はウィクラマシンハ首相を解任し、ラージャパクサを首相に任命した。同時に大統領が率いるSLFPを中心とするUPFAは、UNPとの連立政権から離脱すると宣言した。さらに、大統領は2018年11月9日に、

議会解散と翌年 1 月 5 日の選挙実施を表明した。これに対し、UNP 陣営は大統領による首相解任と議会解散が違法で無効であるとして最高裁に提訴し、受理された。最高裁は 12 月 3 日にラージャパクサの首相権限を差し止める命令を下し、12 月 13 日に議会解散も違法とする判断を示した。これを受け、12 月 16 日にウィクラマシンハが復帰する形で、ひとまず収束した。だが、2015 年 1 月に集結したシリセーナ＝ウィクラマシンハ体勢は、これで終焉を迎えた[101]。

　このようにして連立政治体制が危機に陥る中、2019 年のキリスト教の復活祭（4 月 21 日）にイスラーム過激派による連続爆弾テロ事件が起こった。自爆テロの対象が主としてキリスト教徒や外国人（観光客）で、約 290 人が死亡し、数百人が負傷した。これにより観光産業は大打撃を受け、スリランカ経済は危機に直面した[102]。さらに、このテロをきっかけにして反イスラーム感情が高まり、民族や宗教に根差した激しい対立も再燃することになった。以上で見たように、「変化が必要」と考えて、シリセーナ＝ヴィクラマシンハ陣営に投票した国民の期待は、やがて失望に変わったのだ。

4.　2019 年大統領選挙および議会選挙

(1) 2019 年 11 月の大統領選挙　ラージャパクサ勢力の復帰

　シリセーナの大統領任期満了に伴い、スリランカの第 7 回目の大統領選挙が、2019 年 11 月 16 日に実施された。ゴーターバヤ（Gotabaya Rajapaksa[103]）が 52 ％を超える得票率で当選を果たした。投票率は約 80 ％となっている。ゴーターバヤは、マヒンダ・ラージャパクサ前大統領を兄に持ち、マヒンダが大統領を務めた期間（2005〜2015 年）に、国防長官を担った経験がある。第 3 代大統領のラナシンハ・プレーマダーサ（Ranasinghe Premadasa、任期：1989〜1993 年）の息子で、与党の UNP 副総裁、そして UNP 政権で住宅・建設・文化相を務めたサジット・プレーマダーサ（Sajith

Premadasa）が対立候補となったが、約 42％の得票率で敗北した（表 5-3）。

　ゴーターバヤは、自身の国防長官としての実績、そして 2009 年に内戦を終結させた兄マヒンダ・ラージャパクサ大統領の後光を借りるかたちで強いリーダー像を形成し、結果として、人口の 74％を占めるシンハラ系住民から絶大な支持を得た。2019 年 4 月に 250 人以上が犠牲となった「4・21 の連続爆破テロ事件、（以下 4.21 事件）」を受け、内政では治安回復や経済復興などが争点となった。今回の選挙では、2005〜15 年まで国防次官も務めたゴーターバヤは強い指導者像を打ち出し、イスラーム過激派および LTTE 分離独立主義者への監視強化を訴えた。4.21 事件で事前にテロの危険についての情報を得ながらも防げなかったシリセーナ＝ウィクラマシンハ政権への批判の受け皿となった。つまり、ゴーターバヤは選挙で「国家の安全」を最優先に掲げることで国民から支持を得たのである。ラージャパクサ兄弟は、兄のマヒンダが大統領だった 2009 年に 26 年に及ぶ内戦を終結させた実績があり、元国防次官のゴーターバヤの治安回復への手腕に国民の期待が集まったと思われる。

　大統領に就任したゴーターバヤは「全方位外交」を掲げていた[104]。しかし、大統領の任命により、かつて中国からの融資でインフラ開発を進めたマヒンダ元大統領が首相に就任することになった。ゴーターバヤ大統領の実兄でもあるため政策への影響力が大きいとみられ、西側諸国は再び親中路線に回帰することを懸念した。しかし、ゴーターバヤはマニフェスト（選挙公約）で「近隣アジア諸国との関係を強化する」と主張し、バランス外交を展開する姿勢を明確にした。特にインドとは地域の安定のために緊密に連携すると明記した。インドも南アジアに経済圏を広げる中国を牽制する狙いで、さらに近隣諸国との関係に重きを置くであろう。インドのモディ首相は 2019 年 5 月のインド議会選挙に勝利し、再選を果たした後、最初の訪問先にスリランカとモルディブを選んだ。2019 年 11 月 17 日には他国首脳に先駆けてツイッターでゴーターバヤに祝意を示し、「両国の兄弟のように強く親密な関係を深めるため、ともに働くのを楽しみにしている」と述べた。

(2) 2020年8月の議会選挙　二大政党が大きく後退

　スリランカでは、2020年8月5日に議会選挙が行われた。この選挙は、誰が勝つかではなく、ゴーターバヤ大統領支持派のSLPPがどこまで勝つかが注目されていた。結果は、これまでスリランカの政治を担ってきた、UNPと野党SLFPの二大政党が大きく後退し、マヒンダ・ラージャパクサが率いるスリランカ人民党（Sri Lanka Podujana Peramuna：以下、SLPP）が地滑り的勝利を収め、全225議席中145議席を獲得した。SLPPは北部・東部州などで選挙同盟を組む4つの小党が5議席を獲得したことで、ゴーターバヤ支持派が計150議席に達し、改憲に必要な全体の3分の2議席を確保した。選挙同盟は以下の4つの党で構成され、タミル系、ムスリム系の政党も入っている。イーラム人民民主党（The Eelam People's Democratic Party）が2席、タミル人民解放の虎（The Tamil Makkal Viduthalai Pulikal）、国民会議（National Congress）、SLFPがそれぞれ1席となっている[105]。マヒンダは8月7日、ツイッターに「大統領や私、SLPPを信頼し、圧倒的な票を与えてくれたすべての国民に心から感謝する」と投稿し、勝利を宣言した。これまでは、スリランカの政治は、UNPとSLFPの二大政党が連立や政党連合を組み、多数派を形成し、政権運営を行ってきた。ところが、今回の議会選挙では、SLFPから離脱したマヒンダ・ラージャパクサが率いるSLPPが与党に、選挙前にUNPから離脱したサジット・プレーマダーサが党首を務める統一人民党（Samagi Jana Balawegaya：以下、SJB[106]）が54議席で、第二党となる野党第一党になり、新しい政党が議席数を伸ばした。他方、2015年の前回議会選で106議席を得て最大だった前首相のラニル・ウィクラマシンハが率いるUNPは1議席に、前大統領のシリセーナが党首を務めるSLFPも95議席から1議席までに、それぞれ後退した[107]。

　これまで二大政党と言われていた両政党が共に1議席まで後退した一因は、2019年4月に起きた連続爆破テロに対して適切に対処できなかったことされる。インドなどから事前にテロに関する警戒情報があったにもかかわらず、SLFP党首で事件当時大統領だったシリセーナと、UNP党首で事件当

時首相だったウィクラマシンハの政治的対立により、対策が適切になされな
かったとされる（表 5-3）。

　今回の議会選挙で勝利したことで、ラージャパクサ兄弟による足並みが
揃った政権運営により、国内の治安の安定や経済政策などが前進するとされ
る。ゴーターバヤ大統領とマヒンダ首相は今後、対外債務の処理とその抑
制、財政赤字の削減、輸出拡大による貿易赤字の削減と国際収支の改善な
ど、スリランカが抱える経済的な課題および国民統合とバランスの取れた対
外政策という難しい課題と向き合うこととなる。今後は、国民の支持を持続
的に確保しながら、適切な経済政策と対外政策によって、外国投資家の信頼
の獲得、輸出拡大のための企業誘致などを推進していくことを迫られる。し
かし、ゴーターバヤ大統領は選挙公約通り、憲法の第 20 次改正を行い、第
19 次憲法改正で憲法が抱えていた矛盾を解消した。一方で、首相の解任権、
司法長官や最高裁判所の裁判官および警察庁長官の任命件を握り、議会の早
期解散も可能になった。大統領の強権政治が進みかねないとの懸念もある
（表 5-2）。

　対外政策において当面は隣国インド、同国との摩擦を抱える中国との関係
をどう構築するかに関心が集まる。インド洋圏に位置するスリランカは地政
学上の要衝で、大国が自陣営への引き入れに懸命だからだ。すでに述べたよ
うに、2009 年の LTTE との戦い終結後の復興のため中国から巨額の支援を受
けたマヒンダは、2019 年 11 月に就任した弟のゴーターバヤ大統領の下で首
相を務めることになった。今回の選挙結果を受け、中国が BRI 構想の下で、
スリランカへの影響力を一層強める可能性も十分にでてきた。マヒンダが大
統領の時に（2005〜15 年）整備したハンバントタ港は 17 年、債務返済に窮
して中国側に運営権を譲渡した。2019 年 11 月に大統領に就任したゴーター
バヤは、マヒンダを首相に任命したため、ゴーターバヤも親中派とみられる
であろう。しかし、マヒンダは国民からの厚い支持を得られており、首相に
任命するしか選択肢はなかった。

　一方、こうした動きに対し、経済や安全保障の面でスリランカとの関係を

重視するインドは警戒を強めていくことになる。ゴーターバヤは大統領就任後の初訪問先にインドを選び、4 億米ドル規模の経済支援を約束させた。また、議会選挙後（2020 年 8 月 6 日夜）、インドのモディ首相はマヒンダと電話会談を行い、勝利を祝福するとともに、新型コロナウイルス対策で協力していくことを確認した。また、2019 年 5 月に日印と西部コラバ（コロンボ）港の共同開発に関する覚書を交わしており、労働組合の反対を振り切り、前に進めるために委員会を設けて提言を求めた。しかし、戦略的に価値の高い国の重要な財産を失うことに対して国民からの反発が徐々に強まった[108]。

　中国との関係の深さや三選禁止の改正が 2015 年の大統領選でマヒンダ・ラージャパクサ大統領が敗れた一因とされているため、スリランカが過度な対中依存に戻ることは考えにくいだろう[109]。

▌5.　スリランカを襲った 3 つの危機

　これまで見てきたように「普通の小国」ではないスリランカが、2019 年4 月以降、3 つの危機に直面したのだ。1 つ目の危機は、2019 年 4 月に起きたイスラーム過激派による自爆テロ事件、2 つ目は新型コロナウイルス危機、そして 2022 年 4 月に始まった政治的混乱と経済危機である。立て続けに起きたこの 3 つの危機は、この国が長らく抱えてきた矛盾、国家体制の構造的な問題（いまだ続く新植民地支配）を残酷なまでにあぶり出した。

（1）ホテルと教会が狙われたイースター同時テロ
　2019 年 4 月 21 日午前 9 時頃、スリランカの中心都市コラバ（コロンボ）の 3 つの 5 つ星ホテル（シャングリラ・コロンボ、シナモングランドホテル、ザ・キングスバリー・コロンボ）、コラバ（コロンボ）市内のセイントアンソニーズ教会（St. Anthony's Church）、国際空港に近いミーガムワ（ニゴンボ）にあるセイントセバスチャンズ教会（St. Sebastian's Church）、東海

岸第二の都市マダカラプワ（バッティカロア）にある教会でほぼ同時に爆発が発生した。事件が起こった4月21日はイースターの日で、教会には、多くの人が祈りを捧げに訪れていた。イースター同時テロによる死者数は253名にのぼり、負傷者は500名以上とされる。爆破の被害にあった5つ星ホテルは外国人観光客もよく利用するホテルであり、外国人観光客の死者も多かった [110]。

　このイースター同時テロを起こした犯行グループは、ISの影響を受けているイスラーム系グループとされる [111]。スリランカ捜査当局は、ISの支援を受けた国内のイスラーム過激派「ナショナル・タウヒード・ジャマア」が関与した自爆テロだとしている [112]。内戦の終戦から10年をむかえ、平和を享受したスリランカでこのようなテロが起こったことで、スリランカ経済に与える影響はかなり大きい。なぜなら、スリランカは、観光資源が豊富（8つの世界遺産を持つ）で、観光業はこの国の主要な生命線の1つである。スリランカへの海外からの観光客数は、図5-1のとおり、2009年のLTTEテロ問題終結を契機に増加し続けて、2018年の観光客数は前年比10.3%増の233万人と、右肩上がりになっていた。それに、2018年秋には、世界的に有名な観光情報誌「ロンリープラネット」で「2019年に行くべき国ランキング」の1位に選ばれていた。しかし、イースターテロ後に、世界各国がスリラ

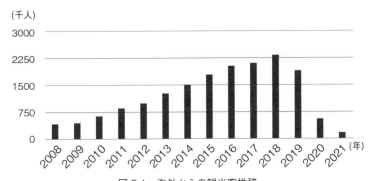

図 5-1　海外からの観光客推移
出所：スリランカ観光開発局（SLTDA）より筆者作成

ンカの危険レベルを引き上げた影響により、海外からの観光客が減少し、観光産業は大打撃を受けた。

（2）新型コロナウイルス危機

　イースターテロから回復の兆しが見えてきたが、新型コロナウイルス感染症により観光業にさらなる非運が襲うことになる。つまり、パンデミックによりスリランカの観光業が壊滅状態となった。観光業は大きな外貨獲得源のひとつで、外国人観光客動向は、スリランカ経済を左右する。スリランカのセンサス統計局によると、40万2607人の雇用を生み出しており、2019年の観光業のGDPへの寄与は4.3％という。外国人観光客の動向は経済成長のカギを握っていると言って間違いないだろう。しかし、その外国人観光客数はパンデミック以降、大幅に減少している。2021年には、その数は19万4495人にまで激減した（図5-1）。

（3）経済危機から政治危機へ

　スリランカ政府は、2022年4月、対外債務のデフォルト状態に陥った。外資不足で燃料などの輸入が困難になる中、政府の経済政策に対する国民の不満が政治的立場や民族集団を越えた大規模なデモとなり、全土に拡大した。国民の不満の根本は、政治家および政治文化と金融業界の汚職にある。

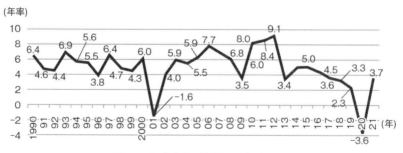

図 5-2　国内生産（実質 GDP）成長率
出所：worldbank.org - World Bank national accounts data より筆者作成

スリランカは輸出産業がほとんどなく、燃料など生活物資の多くを輸入に頼っている。GDPを支えるのは農業や小売業であり、外貨調達を海外からの観光客や投資に依存しているから、国際環境の変化の影響を受けやすい。とはいえ、2009年のLTTEテロ問題終結後、海外からの投資で高級ホテルや住宅建設など大型インフラ建設ブームが続き、経済は絶好調であった（図5-2）。

　ところが既述のとおり、2015年の政権交代以降、国内政治が不安定になり、2019年4月にイスラーム過激派（IS）によるイースター同時テロを許してしまった。そして、観光客が減少、経済成長率は大きく鈍化した。その後、同年11月に行われた大統領選挙でラージャパクサが大統領に就任するものの、テロ事件発生翌年の2020年には、新型コロナ感染拡大が国の経済を襲ったことで観光業がさらなる打撃を受け、外貨準備は急速に減少し、2018年半ばには100億ドル近くあったものが、2021年末には、20億ドルを切るまでに落ち込んだ。

　結果として、2022年3月に、スリランカ中央銀行がルピーの変動相場制移行を発表した。そして、財政の悪化に追い打ちをかけたのが、ロシアによるウクライナ侵攻の影響で物価が高騰したことであった。それ以降、急激な

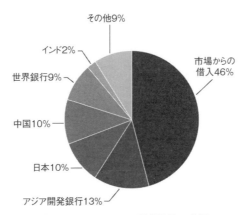

図5-3　スリランカの対外債務の内訳
出所：スリランカ政府の統計より筆者作成（2021年6月現在）

ルピー安が進行したため、ガソリン等の輸入品価格の上昇にさらに拍車がかかり、4月のインフレ率は前年同月比 33.8％へ急上昇し、6月には 60％近い上昇率となった。国民の政府に対する不満が爆発、全土でデモが激化し、マヒンダ・ラージャパクサ首相や閣僚が辞任した。首相後任にウィクラマシンハが選ばれたが、その後もデモ活動は収まらなかったため、7月 13 日にゴーターバヤ・ラージャパクサ大統領は辞任を余儀なくされた。国会議員による投票で新大統領に親欧米派のウィクラマシンハを選出され、5兆円を超える対外債務返済および経済再建の方法を探っている（図 5-3）。

　今回のスリランカ経済危機でラージャパクサ勢力が辞任に追いやられたのは英米諸国の支援があったからとされる。第4章でも述べたように欧米諸国のラージャパクサに対する苦手意識は、2009 年 5 月の内戦終結の前後に深まったとされる。これは「ショック・ドクトリン」の典型的な事例とも言える。「ショック・ドクトリン」とは、未曾有の災害や危機の時こそ、市民がショックから立ち直る前に、経済を自由化し、国家資産を売却し、資本主義の原理主義的実現を抜本的かつ急速に推し進める絶好の機会だとする戦略である [113]。実際、2022 年にスリランカで起きた政治・経済危機の直後から、国際通貨基金（International Monetary Fund：以下、IMF）は民営化、貿易自由化、税率引き上げ、政府機能の大幅縮小を推し進めている。

6. 政治・経済危機の根本原因は大国間競争によるもの？

　前述のように、立て続けに起きたいくつものショック（未曾有の出来事）がスリランカの政治・経済危機の引き金となった。しかし、以前から続いていた大国の関与による国民統合の問題に加え、2019 年の4月から立て続けに国を襲った3つの危機によって観光収入が激減したことで、外貨準備流出が止まらなくなり、2022 年 3 月に、中央銀行がスリランカ・ルピーの変動相場制移行を発表、それ以降、急激なルピー安が進行した。その結果、輸

入品の価格上昇に拍車がかかった。一方、ガソリンなどの燃料不足による長時間にわたる計画停電などで、国民の政府に対する不満が爆発し、デモが激化した。そして、スリランカ経済はさらに困窮した。2009 年の 26 年にわたるテロ問題終結後、スリランカは LTTE のテロ行為に逆戻りするかと思われる事態を機度となく乗り越えてきた[114]。しかし、2019 年の 4 月から立て続けにスリランカを襲った未曽有の経済危機により、国民はさらに分断されることになった。乗り越えることが困難かと思われるほどの大きな試練である。それもそのはず、経済的危機に陥った要因は複合的で直近の 3 つの危機だけで説明できないからである。

　スリランカが上述のような政治・経済危機に陥ったのは、イースター同時テロが契機ではあったものの、むしろ、以前からスリランカに内包されていた弱点が、立て続けに起こった 3 つのショックによって露呈したという側面がある。スリランカ社会に内包されていた弱点とは、植民地時代に始まった国民の分断である。また、その問題が大国の政策・戦略によって起こされていたことは明白な事実であろう。

注

98）"China proposes triangular partnership with India, Sri Lanka", *The Hindu*, (2015), 入手先：〈http://www.thehindu.com/news/international/world/china-proposes-triangular-partnership-with-india-sri-lanka/article6908867.ece〉閲覧日：2020 年 10 月 12 日。

99）スリランカ中央政府により発行・保証された債券のことを指す。

100）Meera Sirinivan, "Interpol gives notice for Sri Lanka's ex-bank head" *The Hindu*, (2018), 入手先：〈https://www.thehindu.com/news/international/interpol-gives-notice-for-sri-lankas-ex-bank-head/article23620538.ece.〉閲覧日：2020 年 10 月 10 日。

101）Kalinga Seneviratne, "The West is upset about Sri Lanka's sacked PM, but it's not about democracy", *South China Morning Post,* (2018), 入手先：〈https://www.scmp.com/news/asia/south-asia/article/2171830/west-upset-about-sri-lankas-sacked-pm-its-not-about-democracy?fbclid=IwAR33DESBgOxqlGU-Wc8H0fpTRO1v5KyEDSC7w3iF_HgMJZuRUR_BUN8W5Bw〉閲覧日：2019 年 12 月 8 日。

102）Vishal Arora, "Why Did the Islamic State Target Sri Lanka?" *The Diplomat*, (2019), Retrieved, 入手先：〈https://thediplomat.com/2019/05/why-did-the-islamic-state-target-sri-lanka/.〉閲覧日：2020 年

12 月 8 日。

103）日本の新聞などでは「ゴタバヤ・ラージャパクサ」と書かれているが、「ゴーターバヤ・ラージャパクサ」との表記が適切である。英語表記の場合、長音の記述がないため推測するのは難しいが、シンハラ文字の表記だと長音表記がある。対立候補のサジット・プレーマダサも正しくは「サジット・プレーマダーサ」である。

104）「ⓖⓞⓣ📚ⓨ: 𝟶ⓣⓑⓔⓓⓝ ⓖⓢⓔⓦ📚𝟶ⓔⓖ ⓓ🄺ⓢ」、（2019 年），入手先：〈https://www.presidentsoffice.gov.lk/wpcontent/uploads/2019/16/Gotabaya_Manifesto_Sinhala.pdf〉p.15、閲覧日：2020 年 10 月 17 日。

105）"Explained: What the massive election victory for Rajapaksa means for Sri Lanka", *The Indian Express*, (2020), 入手先：〈Sri Lanka Election Results 2020: What the massive election victory for Rajapaksa means for Sri Lanka (indianexpress.com)〉閲覧日：2020 年 12 月 11 日。

106）英語表記は「United National Power」となる。

107）*Indian Express*, (2020), 入手先：〈Sri Lanka Election Results 2020: What the massive election victory for Rajapaksa means for Sri Lanka (indianexpress.com)〉閲覧日：2020 年 12 月 11 日。

108）"Adani Group frontrunner for developing Sri Lanka's port terminal: Report", Business Standard, [online] (2020), 入手先：〈https://www.business-standard.com/article/companies/adani-group-frontrunner-for-developing-sri-lanka-s-port-terminal-report-120110300930_1.html〉閲覧日：2020 年 12 月 14 日。

109）Ananya Varma 'China Grants $90M To Sri Lanka After Rajapaksa Tells Xi's Envoys 'prove Not A Debt Trap', (2020), *Republic World.com*, 入手先：〈China grants $90M to Sri Lanka after Rajapaksa tells Xi's envoys 'prove not a debt trap' (republicworld.com)〉閲覧日：2020 年 12 月 27 日。

110）Vishal Arora, "Why Did the Islamic State Target Sri Lanka?" The Diplomat,（2019），入手先：〈https://thediplomat.com/2019/05/why-did-the-islamic-state-target-sri-lanka/〉閲覧日：2020 年 12 月 8 日。

111）2019 年 4 月 23 日のスリランカ英語新聞 Daily Mirror の報道によると、スリランカでの爆破テロは、3 月 15 日に起こったニュージーランドのモスクでの銃乱射事件に対する報復だったことが、最初の尋問から判明した。

112）日本経済新聞（2019 年 5 月 21 日）、「スリランカ爆破テロから 1 カ月　宗教対立で分断深まる」、入手先：https://www.nikkei.com/article/DGXMZO45082920R20C19A5910M00/、2022 年 10 月 12 日閲覧

113）Klein, Naomi, "The shock doctrine: the rise of disaster capitalism", Metropolitan Books, 2007.

114）スリランカでは、1983 年から 2009 年まで北部と東部を中心に居住する少数派スリランカ・タミル人の反政府武装勢力「タミル・イーラム解放の虎（以下、LTTE）」が、スリランカの北部と東部の分離独立を目指してテロを繰り返し、政府側との間で紛争状態が続いていた。

第6章
インド洋圏における大国間競争とスリランカ

■ 1. インド洋圏における戦略的要衝としてのスリランカ

　20世紀末には、21世紀は「アジア太平洋」の世紀と言われていたが、近年ではインド洋と太平洋を組み合わせた「インド太平洋」の連続性が意識されるようになっている。その象徴的な事例が欧州連合（EU）を離脱し、インド太平洋諸国との関係強化を意図する英国の動きである。また、他の欧州諸国もインド太平洋地域への対応を強化する傾向にある。つまり、米国が1917年に第一次世界大戦に参戦して以来続いてきた大西洋を主軸とした世界政治の時代が終わり、「インド太平洋」が主軸となる流れを予見できる。地理的にはインド洋圏がこの構図の中心に位置する。「インド太平洋」概念の背景には、中国の台頭を念頭に置いた、インドとの関係強化を目指す日米豪の政策がある。つまり、「自由で開かれたインド太平洋」構想（FOIP構想）である。中国はBRI構想[115]を掲げ、近隣の南アジアやインド洋圏諸国に港湾、道路などのインフラ建設を進め、影響力拡大を図っている。

　一方インドは、インド洋に面する地域大国で、西部では1947年分離独立以来緊張関係が絶えないパキスタンと国境を接し、北部ラダック地方などの係争地域では中国と領土問題を抱える。また、スリランカやモルディブなどの近隣諸国と善隣外交に努めており、中国のBRI構想はこの関係を損ない、インドの安全保障を脅かすとして警戒している。そこで、インドは日米豪との安保協力を進め、FOIP構想との連携強化に重きを置くようになっている。2020年10月6日に東京で開催された日米豪印の外相会談でも4カ国が理念を共有するFOIP構想の実現に向けた結束を確認し、今後、会合を定例化することで合意している[116]。しかし、中国は米国のアジア太平洋戦略（Indo-Pacific Strategy）に基づく各国の動きを「対中封じ込め」政策と捉えて強く警戒している[117]。以上のように、インド洋の島国スリランカは、BRI構想と米国のインド太平洋戦略・日本のFOIP構想の要衝にあり、両陣営が影響力を競っている地域の中心に位置しているのである。

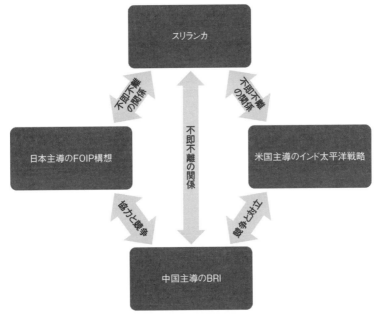

図 6-1　スリランカを巡る相関関係

　前章でも見てきたように、現在、スリランカを取り巻く国際環境は厳しさを増しており、その最大の原因は、インド洋圏における「戦略的要衝」としてのスリランカをめぐる大国間の競争であろう。こうした米中両陣営の対立が深まる中、スリランカが「板挟み状態」になっており、国内の治安回復・経済の立て直しとバランスの取れた対外政策の実現に向けて綱渡りの状態が続いている。結果として、スリランカは、「非同盟外交・全方位外交」を重視しつつ、米中2つの陣営のいずれにも与しない、「不即不離」のスタンスを取っている（図6-1）。それはおそらく、国民の多くがそれを望んでいるからだろう。

　しかしながら、スリランカは台頭する新興国に対して関与政策をとり、関係強化も図っている。これには経済的な実績が政治的な正統性の確保に欠かせないという事情があるからとされる。要するに、中国やインドなどの新興大国との関係を強化することで経済的な利益を獲得しようとする強い動機が

働いているからであろう。また、超大国として世界の覇権的地位を保ってきた米国のような既存の大国に対しても同様な立場を取っている。現在スリランカが直面している政治・経済危機により、スリランカと関係の深い中国、インド、米国、日本が支援を通じて関与しようとしている。その結果次第では、国際物流の要衝であるスリランカの地政学的な立ち位置にまで影響が及ぶことになるだろう。

　本章は、米国主導のインド太平洋戦略・日本のFOIP構想と中国主導のBRI構想について、スリランカを取り巻く安全保障環境に限定し、解説を加える。これまで見過ごされてきた同国の地政学的重要性に着目し、スリランカがアジアの地政学的環境の文脈をどのように見ているか、そして外交政策の将来の方向性をどのように見ているかについても考察する。

2.　スリランカをめぐるインド太平洋戦略・FOIP構想とBRI構想の競合

　スリランカは2022年に過去70年以上で最悪の金融危機に見舞われ、国民の不満の爆発が親中派とされたゴーターバヤ・ラージャパクサ大統領の辞任の引き金となった。その後政権を握ったウィクラマシンハは、国際通貨基金（略称IMF）からの29億米ドルの救済を継続するため、国の巨額債務の再構築に取り組んでいる。前章で言及したように、日本は中国に次ぐスリランカの二国間融資国であり、融資残高は約27億ドルである。インドは第3位の債権国である。インド洋の主要航路沿いに位置するスリランカは、日印米、そして中国の間で影響力を争うホットスポットとなっており、その先行きは不透明だ。

（1）2つの構想 ── 南アジア秩序の変遷

　第2次世界大戦後、近年の中国の台頭まで欧米諸国にとってインド洋の安全が脅かされるようなことはほとんどなかった。2006年に米陸軍中佐パー

ソン（Christpher J. person）は、「真珠の首飾り」に関する詳細な研究を行い、「中国は、国際システムにおける責任ある利害関係者になるか、それとも、『真珠の首飾り』により、既存のシステムに対抗するのかのいずれかである[118]。」とし、「真珠の首飾り」に伴う米国の課題とチャンスを述べた（14頁参照）。溜和敏は、ヒラリー・クリントン元国務長官が、2011年11月号の「Foreign Policy」誌に投稿した論文をきっかけとして、米国内で「インド太平洋」という戦略的概念が注目されるようになったとしている[119]。日本は、安倍首相（当時）が2012年に「アジアの民主的安全保障ダイヤモンド構想」を発表し[120]、インドでも中国に対抗するための「ダイヤモンドのネックレス構想」が注目され始めた[121]。また、安倍首相は、2013年2月、ワシントンの戦略国際問題研究所（Center for Strategic and International Studies：以下、CSIS）の演説の中で、「自由で開かれたインド太平洋」という言葉を使って日本の対外政策を語っている。日本が提唱したこのFOIP構想に米豪印の3カ国が追随し、今の形になったとされる[122]。

　しかし、その中核にいる米国はトランプ政権時代から「インド太平洋戦略（Indo- Pacific Strategy）」を全面的に打ち出している。ここで注目すべき点は、米国の「インド太平洋戦略」はFOIP構想と異なることである。つまり、米国の「インド太平洋戦略」は「競争・対立」に偏っており、米国覇権維持のためのアジア版NATO（北太平洋条約機構）のように見える。これに対してFOIP構想は「協力」と「競争」を並行させることで法の支配に基づく秩序を維持し、繁栄と平和をもたらすとしている。つまり、インドおよび日本は中国との「協力」と「競争」に軸足を置いており、日印と米国の間には違いがあるように見える。

　一方で、中国の習近平国家主席は2013年にBRI構想を打ち出し、アジア諸国との安定した建設的関係を築くことに努めていくとした[123]。このように、第二次世界大戦以降、比較的に安定していたインド洋圏は、徐々に米中主導権争いの表舞台になりつつある。

(2) BRI構想とスリランカ

　BRI構想は、2013年9月7日に中国の習近平政権がナザルバエフ大学（カザフスタン）における演説で「シルクロード経済ベルト」構築を提案し、翌年11月10日に北京で開催されたAPEC首脳会議で国家戦略として打ち出した、大胆にして細心な計画である[124]。鉄道や道路、港湾といった交通インフラの建設で物流ルートを整備し、中国からアジア、アフリカ、ヨーロッパ大陸の65カ国に至る広域の経済圏を作るという点で、野心的である。「シルクロード経済ベルト」と「21世紀海上シルクロード」の2つの主要な要素から成るこの構想を支えるべく、2016年には中国主導の国際金融機関である「アジアインフラ投資銀行（Asian Infrastructure Investment Bank：以下、AIIB）」が創設された。翌年5月に開催されたBRI国際協力ハイレベルフォーラムにおいて、習主席は、デジタル経済、AIなどのフロンティア分野での協力強化、ビッグデータ、クラウドコンピューティングなどの構築の推進を通じた「21世紀のデジタルシルクロード」の形成について述べている[125]。さらに、2020年には新型コロナウイルス感染拡大を受け、世界保健機関（World Health Organization：以下、WHO）への資金提供や途上国への物資支援を目的とする「健康シルクロード[126]」が、2021年には開発ギャップを埋める「貧困削減の道[127]」の構築、クリーン、低炭素、持続可能な開発を促進する「グリーンシルクロード[128]」などが発表された。このように、提唱から10年が経つ現在（2023年）、「BRI構想」は「多帯多路」へ変貌しているのだ。

　南アジア、特にスリランカやモルディブは、このインド洋圏の戦略的および経済的重要性から、BRI構想の優先地域として認識されている（図6-2）。中国のこうした動きについて、西側諸国およびインドのほとんどのアナリストは、中国がアジア諸国に対する戦略的および経済的影響力を獲得しようとしているとみなしている。

　中国政府によると、BRI構想に152カ国と32の国際機関が参加している。2023年までに道路や鉄道、港湾の整備などに対する投資額は約40兆3000

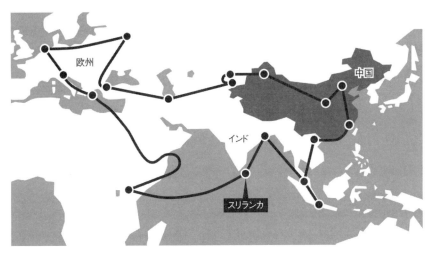

図6-2　BRI構想の要衝に位置するスリランカ

億円（2700億ドル）を超える直接投資を行っている。また、現地で約42万人の雇用を創出し、貧困削減にも貢献しているとされる[129]。

　一方で、インフラ整備のための多額の貸し付けが、「債務の罠（China debt trap）」と言われる問題を相手国に引き起こしていると、西側諸国は批判し続けている[130]。実際に、スリランカは、中国からの融資を受け完成させた産業インフラに赤字が続き、中国への11億2,000万米ドルの借金帳消しの条件で、2017年12月にスリランカ港湾局の株式の70％を引き渡し、南部ハンバントタ港の運営権を、99年間にわたって中国に譲渡せざるを得ない状況に陥った[131]。こうした中国の動きに対して国内外からの批判が高まっている[132]。インドは、このハンバントタ港について、中国が将来的に軍事利用する可能性を指摘し、インドの安全保障にとって深刻な懸念があるとしている[133]。また、コラバ（コロンボ）沖合で、233ヘクタールの埋め立て地に将来的に商業施設や住宅を建設する大型開発事業「コロンボ・ポートシティ（以下CPC）計画」が中国主導で進められている。開発資金は約14億米ドルとされ、中国がすべて融資する予定となっている。さらに、50億米ドルの国際直接投資を牽引するとのことであるが、中国色の極めて強い

施設になることは間違いない [134]。さらに、CPCの隣に位置するコラバ（コロンボ）港南国際コンテナターミナルも中国の紹商国際（China Merchants International Holdings Co. Ltd.）が開発し、運営している [135]。上記の巨大プロジェクトは、BRI構想のモデル事業と見なされている。これら以外にも、中国の融資でコラバ（コロンボ）中心部のネルン・ポクナ劇場の建設（2011年）、南部マッタラ国際空港の建設（2012年）、通信用のネルン・クルナ高層タワー（ロータスタワー）の建設、カトナーヤカ国際空港と首都コラバ（コロンボ）を結ぶ高速道路および南部高速道路の建設など、巨大インフラを整備した。中国はその他にも、モルディブ、パキスタン、ミャンマーで港湾などのインフラ開発を行っている。このBRI構想の事業で建設された施設が軍事利用されることを、インド太平洋戦略を主導する米国などは強く警戒している（図6-3）。

図6-3　中国が運営権・利用権を取得した主な港

　そんな中、イースターテロ事件や新型コロナウイルス感染症による観光客の減少に伴う外資不足、ロシアのウクライナ侵略による食料・エネルギー価格の高騰などが重なり多額の融資を返済できず、2022年7月にスリランカ政府は債務不履行に陥ったのだ。

(3) インド太平洋戦略・FOIP構想とスリランカ

　以上見てきたように、米国もまた、インド太平洋圏に対する関与を強めている。例えばオバマ政権の「リバランス政策」、トランプ政権の「インド太平洋戦略」が挙げられる。特にトランプ政権は2017年、初めてFOIPに言及し[136]、同年12月に発表した国家安全保障戦略においては「中国の支配が多くのインド太平洋諸国の主権を損なう可能性がある」と述べた[137]。バイデン大統領は、2021年10月に開催された東アジアサミットでインド太平洋に対する米国のコミットメントを再確認し、「開かれた、相互に結び付いた、繁栄した、強靱な、安全な地域」を目指すとした[138]。また、2022年2月に開催されたインド太平洋戦略、2022年5月23日に開催された「インド太平洋経済枠組み（IPEF[139]）」の立上げに関する首脳級会合、2022年9月に行われた初の閣僚級会合などにおいては、インド太平洋に強い関心を寄せていることを示している[140]。IPEFは、バイデン政権がインド太平洋地域における経済戦略の柱とし、中国への対抗を目指すものである。IPEFは発足以来、貿易、サプライチェーン、クリーン・エコノミー、フェア・エコノミーの4分野で「21世紀の新しい経済ルール」の構築を推進してきた。米国の狙いは、2023年11月にサンフランシスコで12年ぶりに開催される「アジア太平洋経済協力会議（APEC）」に合わせてIPEFの妥結を宣言し、同地域における米国の存在感を示すことだった。ところが、この地域の主導権をめぐる米中の駆け引きが繰り広げられることになった。また、ここで浮き彫りになったのは、「自国第一主義」志向を強める米国の国際的な求心力の低下である。

　すでに述べたように、FOIP構想を進める日米豪印の民主主義4カ国は安

全保障協力枠組み「クワッド（QUAD）」を置いており、対外的な拡大政策を進める中国主導のBRI構想を牽制する狙いがあることがわかる[141]。FOIP構想は、アジア太平洋からインド洋を経てアフリカに至る地域で、法の支配に基づく秩序を実現し、繁栄と平和をもたらそうという構想とされる。中国の海洋進出や巨額のインフラ投資を念頭に、航行の自由および質の高いインフラ整備によって、インド太平洋圏諸国間のつながりを強化することも柱に挙げており、BRI構想と重なる。米国のアジア・リバランス政策の一環として豪印がパートナーとして重視され、それを象徴する形で2010年に初めて「インド太平洋」概念が具体化された[142]。つまり、民主主義などの普遍的価値およびそれに基づいた発展の重要性や、海洋における航行の自由や法の支配を強調することにより、それらに従わない中国を排除する論理を内包した戦略が示されることとなった[143]。

　その後、2017年にトランプ政権もこの構想に強い関心を表明し、独自の「インド太平洋戦略」を打ち出し、これによって、中国への対抗色が一気に強まることになる。2018年の演説で、米国のペンス副大統領は、いわゆる「債務の罠」の問題に触れ、中国はスリランカなどの一部の国々を借金漬けにしていると批判し、インフラ整備のために6兆円あまりの融資枠を設け

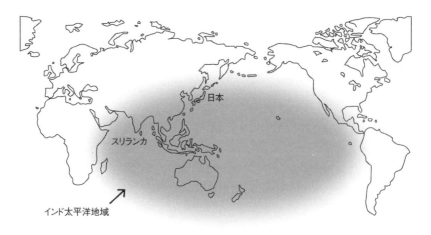

図6-4　インド太平洋戦略の「要衝」に位置するスリランカ

ると表明するなど、米国側が中国のBRI構想に対抗する姿勢を鮮明にしたのである。日米に加えて、米国の同盟国であるオーストラリア、それに中国との領土紛争を抱えるインドが、それぞれ独自の「インド太平洋構想」を打ち出していたものの、現在は日米豪印4カ国の枠組みが形成されている（図6-4）。さらに、2020年10月6日に東京で開催された日米豪印の外相会談でも連携を表明している[144]。

　インドは、スリランカ北東部に位置するトゥリークナーマラヤ（トリンコマリー）港と同港に隣接する石油貯蔵施設の利用権を有している。スリランカ政府は、1987年7月にインドとの間に「インド・スリランカ合意」を結び、それに基づいて、インド平和維持軍（Indian Peacekeeping Force）をスリランカ北部に派兵した。その合意にはトゥリークナーマラヤ（トリンコマリー）の石油貯蔵施設をインド以外の外国に使用させないこと、トゥリークナーマラヤ（トリンコマリー）港およびその他の港をインドに敵対する他の国に使わせないことが決められている。また、2003年にトゥリークナーマラヤ（トリンコマリー）の石油貯蔵施設をインドとスリランカが共同運営する協定が結ばれていた。だが、その後の話し合いは運営に関する意見の隔たりが原因で、計画通りに進んでいなかった。

　しかし、インドのモディ首相による2015年3月のスリランカ訪問をきっかけに協議が再開され、両国の合弁事業として運営することで合意した[145]。この施設は石油貯蔵タンク99基で構成され、その建造は英国植民地時代の第二次世界大戦中にまでさかのぼる。また、インドはスリランカ北部のカンカサントレ港の復旧建設や北部パラーリ空港の復旧建設工事も行った。インドがスリランカでの中国のプレゼンスを意識し、中国に対抗するようにスリランカへの関与を強め始めたことは言うまでもない[146]。

　また、2009年の内戦終結前後の米国による対スリランカ外交方針の転換も、スリランカを巡る大国間のせめぎ合いを理解するためには不可欠である。米国上院外交関係委員会は、2009年12月に「スリランカ：内戦終結の米国戦略の練り直し（Re-charting US Strategy after the war）」と題する報告

書を発表し [147]、スリランカの地政学的な重要性をこれまで過小評価してきたとし、従来の政策を見直して積極的に関与するよう、当時のオバマ政権に求めている。その後も米国の、いわゆる「ラージャパクサ・アレルギー」（上述）が続いていたが、近年ではスリランカでの存在感の向上に努めているように見える。1995年半ばに署名された物品役務相互提供協定（Acquisition and Cross-Servicing Agreement：以下、ACSA）の再交渉に意欲を示していることがその表れと思われる。

　さらに、米国はスリランカに新たな協定を要求しており、2018年8月にスリランカ外務省に草案を提出し、交渉中の地位協定（Status of Forces Agreement：以下、SOFA）」がある [148]。これらの防衛協定に対して、スリランカ国内では懸念や批判、論争が巻き起こっている [149]。この2つの協定は防衛協力協定であり、米国にとって最優先の案件とされる。一方で、2019年にスリランカ政府と合意されていた経済協力協定の「ミレニアム・チャレンジ協定（Millennium Challenge Corporation：以下、MCC） [150]は、取りやめになったと、MCC取締役会が2020年12月15日に発表した [151]。これは、MCCを取りやめることでスリランカ国民の米国に対する不信感を払拭し、2つの防衛協定を何としても成功させたいという米国の強い意志の表れと考える。

　先に述べたようにスリランカは、インド洋国際シーレーンの中央にあり、米軍の基地があるチャゴス諸島のディエゴ・ガルシア基地（Diego Garcia）にも近いという、戦略上重要な位置にある。この米軍基地がインド洋圏における米国の安全保障の拠点になっている。ディエゴ・ガルシア基地は湾岸戦争（1991年）、イラク戦争（2003年）およびアフガニスタン戦争（2001年）などで出撃拠点として使われ、最近の米中関係が悪化する中、重要性が増している。

　一方で、基地建設とともに約2千人の島民は70年代までに国外退去させられ、英国とモーリシャスの間で長年論争となっていた。2019年5月20日、国際連合総会（以下、UN総会）は、英国が1965年に当時植民地だっ

たモーリシャスから分離させて英領に編入したチャゴス諸島をめぐり、英国に対し「6カ月以内に島の植民地統治を終え、撤退する」よう求める決議案を賛成多数で採択した[152]。国連（United Nations：以下、UN）総会決議では、チャゴス諸島の分離について「住民の自由かつ純粋な意思に基づいていない」と指摘し、英国に対し元島民らの帰還に協力するよう要求した。国連総会決議に法的拘束力はないものの、米英にとっては外交的打撃とされる。米国がスリランカとのACSAの再交渉や新たなSOFA協定の交渉を急ぐ最大の要因は、こうした米国が取り巻く安全保障上の課題も関係していると思われる[153]（図6-5）。

図6-5　米国の代表的な海外拠点

　スリランカと同様にモルディブも、インド洋国際シーレーンの重要な位置にあり、ディエゴ・ガルシア島にも近い。2020年9月、米国は、モルディブ政権と防衛協定を結び、安全保障分野での協力関係を強化している。モルディブはもともとインドの影響力の強い国だが、2018年までに（当時の）

政権が、BRI構想を掲げる中国に接近して、多額の融資を受け、空港の拡張
事業などを進めてきた。しかし、2018年の大統領選挙で、中国への多額の
債務を批判した新人候補ソーリフが勝利し、前政権の姿勢を転換し、米国と
の防衛協定の締結で「インド太平洋戦略」との協力に軸足を移した[154]。と
ころが、2023年9月の大統領選挙で、英米印に近いソーリフ前大統領を破
り、親中派のムイズが当選した。モルディブでは米英に加え、インドと中国
が影響力を争ってきたが、親中派のムイズが就任したことで、英米印との関
係の冷え込みが改めて浮き彫りになった（図6-6）。

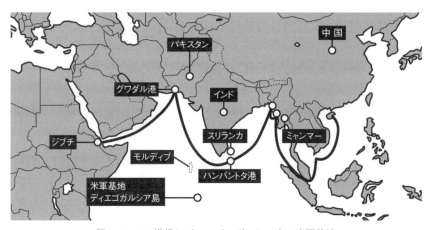

図6-6　BRI構想とディエゴ・ガルシア島の米軍基地

　日本はスリランカ最大の二国間ドナー国の一つであり、主要な開発パート
ナーの国でもある。2016年の二国間貿易額は9億7,160万米ドルに達した。
2017年4月、日本はトゥリークナーマラヤ（トリンコマリー）港を整備す
るために946万米ドルを投資する決定を発表している[155]。また、日本政府
は、インド、スリランカと共同で、コラバ（コロンボ）港を共同開発する方
針である。この巨大プロジェクトは、2019年度中に工事に着手する予定と
なっていた。しかし、新型コロナの感染拡大の影響により多くのプロジェク
トの見直しや先送りが相次いでいる。

　加えて、米国がさまざまな枠組みを組み合わせることにより同志国を増やし、対中包囲網を形成しようとしていることについて、中国は強い拒絶反応を示し、米国主導の多国間枠組みを「対中封じ込め」政策と見なしている [156]。王毅外交部長は、米国のインド太平洋戦略について「インド太平洋版の北大西洋条約機構（NATO）構築を真の目的としており、米国主導の覇権体系を擁護するもの」と述べた [157]。

　ただ、ここで注目すべき点は、同じFOIP構想のパートナーでも、中国に対するスタンスは国によって異なることである。たとえば、インドは、「FOIP構想」は「BRI構想」を排除するものではないとし、経済分野などで、中印の民間企業同士の協力を模索している。また、日本も中国との経済的結び付きが非常に強いため、全面的な対立は避けたいとしているように見える。このことは、FOIPについて中国側には、BRIと対象地域が重なっており日中間の競争は避けられないが、FOIPがBRIに与える影響を最小限にすることが重要であり、そのために日中が協力すべきとの指摘があることからもわかる [158]。

▌3.　スリランカはインド太平洋戦略のテストケースになるのか

　前述のとおり、インド洋の重要な国際シーレーンにまたがるスリランカは、2005年から2015年までのラージャパクサ大統領の在任中に中国の影響力が大幅に拡大した。重要なインフラに対するいくつかの数十億ドル規模の中国投資は、債務の急速な蓄積、利益を見込めない大型プロジェクト、広範囲にわたる腐敗をもたらし、中国のBRI構想に関連するリスクに関するモデルケースとなった。

　ところが、2015年の大統領選挙にラージャパクサが敗れたことでスリランカと米国の関係は回復し、スリランカはインド洋における米海軍の新しい物流拠点となった。つまり、スリランカは自由で開かれたインド太平洋に対

する米国のビジョンの重要なパートナーとなった。

　ところが2018年後半、シリセーナ・ウィクラマシンハ政権の度重なる政策失敗後、2019年に行われた大統領選挙でラージャパクサ勢力は復活を果たした。ラージャパクサ勢力の復帰は、スリランカと米国の関係を危険にさらし、中国政府にインド洋のもう一つの足場を提供し、中印間のライバル関係をエスカレートさせ、米国の地域戦略に後退をもたらす可能性があるとされたのだ。その結果、2019年4月に起きたイスラーム過激派による自爆テロ事件、新型コロナウイルス感染拡大による外資不足で燃料などの輸入が困難になる中、国民の不満が政治的立場や民族集団を越えた大規模なデモとなり、全土に拡大した。その後、必然的帰結としてゴーターバヤ・ラージャパクサ大統領は辞任を余儀なくされた。この一連の出来事は英米諸国のインド太平洋における地政学的戦略と密接に関連していると考えられる。

　今後、英米諸国は、スリランカとの外交的および経済的関与を優先し、FOIP構想やクワッドなど地域同盟と新しい開発金融ツールを活用して、主権、持続可能性、透明性、民主的ガバナンスを重視するBRI構想に代わるものをスリランカに提供しなければならない。つまり、人権を盾に国内政治に介入し、国民を分断し、コントロールする新植民地主義的なアプローチではなく、対等なパートナーとして関わらなければならない。

注

115) One Belt, One Road Initiative（OBOR構想）とも呼ぶ。

116) 毎日新聞、2020年10月7日付け

117) Yamazaki Amane, "The PRC's Cautious Stance on the U.S. Indo-Pacific Strategy, *The Jamestown Foundation*、入手先：〈https://jamestown.org/program/the-prcs-cautious-stance-on-the-u-s-indo-pacific-strategy/〉閲覧日：2020年9月23日。

118) Christopher J. Perhson, String of Pearls: Meeting the Challenge of China's rising power across the Asian Littoral, Strategic Studies Institute, July 2006, p. 23.

119) 溜和敏「『インド太平洋』概念の普及過程」『国際安全保障』第43巻第1号、2015年6月、76頁。

120) Shinzo Abe, "Asia's Democratic Security Diamond", Project-Syndicate, (2012)、入手先：〈http://www.project-syndicate.org/commentary/a-strategic-alliance-for-japan-and-india-by-shinzo-abe〉閲覧日：

2020 年 10 月 22 日。

121) Rajiv Bhatia, "The vision for the Indian Ocean", The Hindu, (2011), 入手先：〈https://www.thehindu.com/opinion/lead/a-vision-for-the-indian-ocean/article2538025.ece〉閲覧日：2020 年 10 月 25 日。

122) The Department of Defence United States. *Indo-Pacific Strategy Report*. (2019). 入手先：〈https://media.defense.gov/2019/Jul/01/2002152311/-1/-1/1/DEPARTMENT-OF-DEFENSE-INDO-PACIFIC-STRATEGY-REPORT-2019.PDF〉閲覧日：2020 年 10 月 5 日。

123) "Xi in call for building of new maritime silk road," *China Daily,* October 8, 2013.

124) 独立行政法人経済産業研究所（RIETI）コンサルティングフェロー関志雄：動き出した「一帯一路」構想 — 中国版マーシャル・プランの実現に向けて — （2015 年 4 月 8 日）、入手先：〈https://www.rieti.go.jp/users/china-tr/jp/150408world.html〉閲覧日：2020 年 12 月 7 日。

125) 「一帯一路」国際合作高峰论坛「习近平在「一帯一路」国際合作高峰论坛开幕式上的演讲（全文）」、入手先：〈http://www.beltandroadforum.org/n100/2017/0514/c24-407.html〉．閲覧日：2023 年 9 月 15 日。

126) 『人民網日本語版』、入手先：〈http://j.people.com.cn/n3/2020/0324/c94474-9671789.html〉．閲覧日：2023 年 5 月 8 日。

127) 『新華網日本語』、入手先：〈http://jp.news.cn/2021-04/20/c_139893108.htm〉閲覧日：2023 年 9 月 23 日。

128) Ministry of Foreign Affairs, the People's Republic of China、"Initiative for Belt and Road Partnership on Green Development"、入手先：〈Initiative for Belt and Road Partnership on Green Development (fmprc.gov.cn)〉閲覧日：2023 年 11 月 2 日。

129) 毎日新聞「社説」、p.5、2023 年 10 月 2 日付け

130) Kai Schultz, "Sri Lanka, Struggling With Debt, Hands a Major Port to China", *The New York Times,* (2017), 入手先：〈https://www.nytimes.com/2017/12/12/world/asia/sri-lanka-china-port.html〉．閲覧日：2020 年 12 月 15 日。

131) *Daily FT. Sri Lanka's port development and the role of the BRI*. *(2019)*, 入手先：〈http://www.ft.lk/shippingaviation/Sri-Lanka-s-port-development-and-the-role-of-the-BRI/21-678877〉閲覧日：2020 年 12 月 25 日。

132) Jayasena.P,「地政学におけるスリランカ — 中印の安全保障戦略を中心に — 」福岡女子大学国際文理学部紀要『国際社会研究』第 7 号（2018 年）、61-75 頁

133) 産経ニュース・産経新聞社 2014 年 11 月 2 日付け　インド刺激する中国潜水艦　スリランカに寄港 「真珠の首飾り」戦略で南アジアに影響力 入手先：〈https://www.sankei.com/world/news/141102/wor1411020024-n1.html〉閲覧日：2020 年 12 月 7 日。

134) CHEC Port City Colombo. *The Port City Project: Where Things Stand Now*. (2017)、入手先：〈http://www.portcitycolombo.lk/press/2017/12/12/the-port-city-project-where-things-stand-now.html〉．閲覧日：2020 年 12 月 5 日。

135）コラバ（コロンボ）湾には、コラバ（コロンボ）国際コンテナターミナル（CICT）、ジャヤ・コンテナ・ターミナル（JCT）と東南アジア・ゲートウェイ・ターミナル（SAGT）の3つのターミナルがある。以前からある公営のJCTと民営のSAGTの水深は15mであるのに対して、中国資本のCICTの水深は18mもあり、巨大なコンテナ船を受け入れることができる。2015年にCICTが取り扱った160万TEUのうち、67％は大型コンテナ船によって運ばれてきたものである。中国資本のCICTが本格稼働し、その分取引量が増加したことで、コロンボ湾全体の取扱量は2015年に6％も伸びている。この数字は、他のライバル港であるドバイの2.4％、香港のマイナス9.5％、シンガポールのマイナス8.7％、インドの2％弱と比較すれば目覚ましい結果だと言える。以下の文献を参照Jayasena.P,「地政学におけるスリランカ ― 中印の安全保障戦略を中心に ― 」福岡女子大学国際文理学部紀要『国際社会研究』第7号（2018年）、61-75頁

136）外務省HP「日米首脳ワーキングランチ及び日米首脳会談」、入手先：〈https://www.mofa.go.jp/mofaj/na/na1/us/page4_003422.html〉. 閲覧日：2023年10月7日。

137）The White House, "National Security Strategy of the United States of America,"2017年12月、p.46.

138）The White House, "Readout of President Biden's Participation in the East Asia Summit,"、入手先：〈https://www.whitehouse.gov/briefing-room/statements-releases/2021/10/27/readout-of-president-bidens-participation-in-the-east-asia-summit/〉閲覧日：2023年10月10日。

139）インド太平洋地域では、「BRI構想」を掲げる中国が影響力を強めており、危機感を持った米国が同地域でリーダーシップを再興するための手段がIPEFである。日本を含む14カ国が参加するIPEFは、TPP（環太平洋パートナーシップ協定）と異なり、米国市場の開放など新興国側からみたメリットが少ない。

140）外務省HP「繁栄のためのインド太平洋経済枠組みに関する声明」、入手先：〈https://www.mofa.go.jp/mofaj/files/100347420.pdf〉閲覧日：2023年11月5日。

141）US Department of Defense, Quadrennial Defense Review Report, (2010), 入手先：〈https://dod.defense.gov/Portals/1/features/defenseReviews/QDR/QDR_as_of_29JAN10_1600.pdf〉p.60、閲覧日：2020年12月15日。

142）The White House, "Remarks by the President to the Joint Session of the Indian Parliament in New Delhi, India", November 8, 2010; The White House, "Remarks by President Obama to the Australian Parliament", November 17, 2011.

143）大庭三枝「日本の『インド太平洋構想』」『国際安全保障』（2018年12月）pp.19-21.

144）毎日新聞、2020年10月7日付け

145）今回の合意は99基のうち、インド石油公社（IOC）が現地法人を通じて運営する15基を除いた84基が対象となる。このうち、10基はスリランカの国営石油セイロン・ペトロリアム（Ceypetco）向けに確保されている。

146）Jayasena. P,「地政学におけるスリランカ ― 中印の安全保障戦略を中心に ― 」福岡女子大学国際文理学部紀要『国際社会研究』第7号（2018年）、61-75頁

147) Committee on Foreign Relations US Senate, "Sri Lanka: Re-charting US Strategy after the war" (2009), 入手先：〈https://www.foreign.senate.gov/imo/media/doc/SRI.pdf〉閲覧日：2020 年 10 月 27 日。

148) "Inside story of how Sri Lanka fell into the ACSA-SOFA trap", *The Sunday Times* (2019), 入手先：〈http://www.sundaytimes.lk/190707/columns/inside-story-of-how-sri-lanka-fell-into-the-acsa-sofa-trap-357287.html〉閲覧日：2020 年 7 月 15 日。

149) Sudha Ramachandran, "Sri Lankans Up in Arms over US Military Pacts: A proposed Status of Forces Agreement with the US is stirring up political controversy in Sri Lanka.", *The Diplomat,* (2019), 入手先：〈https://thediplomat.com/2019/08/sri-lankans-up-in-arms-over-us-military-pacts/〉閲覧日：2020 年 12 月 15 日。

150) The Millennium Challenge Corporation（Sri Lanka Compact）、Retrieved from:〈https://www.mcc.gov/where-we-work/program/sri-lanka-compact〉閲覧日：2020 年 10 月 24 日。

151) "MCC discontinues USD 480 million compact with Sri Lanka"、*Lankaweb*、入手先：〈http://www.lankaweb.com/news/items/2020/12/17/mcc-discontinues-usd-480-million-compact-with-sri-lanka/〉閲覧日：2020 年 12 月 16 日。

152) Jenni Marsh "Is the United States about to lose control of its secretive Diego Garcia military base?" *CNN World*, (2019), 入手先：〈Diego Garcia: Is the United States about to lose control of its secretive military base? - CNN〉閲覧日：2019 年 3 月 11 日。

153) Sudha Ramachandran, "Sri Lankans Up in Arms over US Military Pacts: A proposed Status of Forces Agreement with the US is stirring up political controversy in Sri Lanka.", *The Diplomat*, (2019), 入手先：〈https://thediplomat.com/2019/08/sri-lankans-up-in-arms-over-us-military-pacts/〉閲覧日：2020 年 12 月 15 日。

154) "US signs defence cooperation deal with Maldives amidst China's growing presence in Indian Ocean", *Firstpost*, (2020), 入手先：〈US signs defence cooperation deal with Maldives amidst China's growing presence in Indian Ocean - World News, Firstpost〉閲覧日：2020 年 9 月 12 日。

155) The London School of Economics and Political Science. *Japan's Indo-Pacific strategy: the importance of Sri Lanka.* (2018), 入手先：〈https://blogs.lse.ac.uk/southasia/2018/05/14/japans-indo-pacific-strategy-the-importance-of-sri-lanka/〉閲覧日：2020 年 12 月 18 日。

156) Garver, John and Wang, Fei-Ling,"China's Encirclement Struggle" *Asian Security*, Vol. 6, No.3, September. 20, 2010

157) 『新華網日本語』（2022 年 3 月 7 日）、入手先：〈http://jp.news.cn/2022-03/07/c_1310503941.htm〉. 閲覧日：2023 年 11 月 12 日。

158) 中华人民共和国商务部「"一带一路"倡议与日本"印太构想"的竞合关系」(2020.2.14)、入手先：〈http://chinawto.mofcom.gov.cn/article/br/bs/202002/20200202936198.shtml〉閲覧日：2023 年 10 月 18 日。

第7章
インド太平洋時代における日本とスリランカの関係

　アジアの近代史において、日本と中国が同時に経済的大国として競い合った時代はない。明治維新以来、日本は近代国家として力を蓄え、第二次世界大戦で敗戦したものの、戦後アジアの経済大国としての地位を維持してきた。一方、中国は今、「屈辱の世紀」から脱却し、この地域の伝統的な大国としての地位を取り戻し、日本の地位に挑戦する歴史的な瞬間にある。

　本章では、スリランカと日本の関係に焦点を当てながら、日本と中国のこうした対立関係を検証する。

■ 1.　日本とスリランカ関係の原点

　何世紀にもわたり、スリランカは日本と友好関係を維持してきたが、初期の段階では、両国の関わりは主に宗教と文化の領域に限られていた。伝統的な双方向の関係は次第に経済的、地政学的な結びつきを強めるようになった。日本とスリランカは、1951年9月6日にサンフランシスコ講和条約が締結された直後に外交関係を樹立した。1952年2月にコラバ（コロンボ）に日本公館が設置され、1953年5月に東京にスリランカ大使館が開設された。現在、多くの国が日本と緊密な関係を持っているが、スリランカはサンフランシスコ講和会議を契機に日本と正式に外交関係を樹立した国の一つである。当初、日本の領土は4つに分割され、第二次世界大戦の戦勝国を代表する連合国によって占領されることになっていた。そのような中、会議の流れを一変させる演説が行われた。「憎しみは憎しみによって消え去るものではない、慈愛によってのみ消え去るものである」スリランカ（セイロン）代表のJ.R.ジャヤワルダナは、仏陀の言葉を引用して国家間の礼節と寛容を説いた上で、戦勝国の正義を押し付けようとする英米およびソ連の草案に異議を唱えたのだ。

　さらに、ジャヤワルダナは次のように言葉を続けた。

北アジア、ビルマ、ラオス、カンボジア、タイ、インドネシア、セイロン、そしてヒマラヤ山脈を北上し、チベット、中国、日本へと人道主義の波を広めた仏教の開祖ブッダの言葉である。この波は何百年もの間、私たちを共通の文化と伝統で結びつけてきた。先週、この会議に向かう途中で日本に立ち寄ったとき、この共通の文化が今も存在していることを発見した。日本の指導者、国務大臣、寺院の住職、そして一般市民が、いまだに大師の平和の教えに影響を受け、それに従おうとしているという印象を受けた。私たちは日本の人々にその機会を与えなければならない。(中略)この条約の目的は、日本を自由な国にし、また日本の復活に何らの制約もつけず、日本自身で外からの攻撃や又国内での騒擾に対して軍事防衛を組織するようにさせ、その時期がくるまで日本が自国を守るため、友好強国から援助を求めやすくし、経済に悪影響を与えるような賠償金を日本から取り立てないようにする為のものである[159]。

と述べている。

　彼はまた、日本を国際社会の一員として受け入れるよう他の代表に要請した。この演説後に、スリランカと日本の強固な友好関係の基礎が築かれた。ジャヤワルダナのこの有名な演説により、日本は、戦勝国である連合軍から出されていた日本分割統治、主権の制限、過酷な賠償請求などの厳しい制裁措置から免れた。それゆえ、この演説が日本の国際社会復帰への道を開いたと言われている。加えて、この演説が、日本のその後の国際社会での立場に大きく寄与したことは、決して過言ではない。仏教哲学の価値観を共有し、「大東亜共栄圏構想」を支持していたスリランカは、日本の完全な独立を強く求めたのである。その背景には、スリランカ自身が長い間ヨーロッパ列強の支配に苦しんでいたことが関係している。

　こうした流れを受けて、敗戦後、吉田茂首相は1951年にサンフランシスコ平和条約と日米安全保障条約を同時に締結させ、米国主導の占領からの独立を取り戻すためにイニシアチブを取ったのだ。この出来事は、日本が米国と連携し協力することを選択したことを示すものであった。それ以来、日本は米国の安全保障の傘に欠かせない存在であり続けた。日本は1950年代以降、さまざまな成功を収めながら多国間主義を追求し、米国との緊密な関係を維持しながらも、経済的・政治的目標の達成を目指してきた。数多くの学

者が日本のこの経済的、政治的努力を記録している[160]。一方、冷戦が進むにつれ、スリランカの政策立案者たちは、非同盟路線を通じて戦略的連携を形成するという外交スタイルを提唱していた。

▎2. 帝国主義のレガシーとポストコロニアル時代

　サンフランシスコ平和会議でのジャヤワルダナの演説をよりよく理解するためには、南アジア地域の植民地支配の歴史を振り返ることが適切である。スリランカを含むこの地域は、第二次世界大戦が終わるまで西欧の植民地支配を受けていた。ヨーロッパ人は15世紀から16世紀にかけて、西方へ進み、アメリカ大陸に到達した。彼らはまた東へ航海し、インド洋航路を開拓した。この時期は「大航海時代」と呼ばれている。

　具体的には、この時期に西方に進んだクリストファー・コロンブスやその他の探検家たちは、アメリカと隣接する島々に到達した。ポルトガルは、アフリカ大陸の西海岸を探索するために南下し、1498年にヴァスコ・ダ・ガマ（Vasco da Gama）がアフリカ南端の喜望峰（Cape of Good Hope）を北上して、インド洋ルートを開通した。ヨーロッパの列強はアフリカを回り込んでアジアに到達できることを発見すると、互いに競い合いながら、南アジアに進出していった。そして彼らは、スリランカはインド洋を横断する東西ルートの重要な中間地点であると見なしたのだ。それゆえ、実際にスリランカは16世紀以降、ポルトガル（1505〜1658年）、オランダ（1658〜1796年）、そして最終的には大英帝国（1796〜1948年）によって侵略され、支配された。英国の侵略者にとって、スリランカは単に重要なシーレーン上の戦略的要衝というだけでなく、不沈空母でもあったのだ。この島は、インド亜大陸沿岸を監視する大英帝国の拠点となり、インド洋全域にわたる英国の支配を支えた。また、ヨーロッパ列強に極東への海上アクセスを提供した。このように、スリランカの地政学的な利点が、西洋が東アジアに進出するため

の決定的な要因であったと言えよう。

　スリランカは1948年2月に大英帝国から独立し、以来民主的な制度や手続きを維持してきた。しかし、その主権に対する内外の数々の脅威を断続的に経験しているのだ。スリランカは「いわゆる主権国家」ではあるが、まだ完全に独立しているわけではない。ヨーロッパ列強は植民地宗主国として、自国の利益のためにスリランカを経営していた。スリランカの人びとを意図的に分断し、その宗教的・民族的に分断された人びとの対立を利用してスリランカをコントロールするといったような植民地支配の悪影響は現在も続いている。特に英国は、「分割統治政策」に従い、少数派のスリランカ・タミル人を優遇していた（第3章参照）。こうした状況を受けて、シンハラ人を中心とする多くのスリランカ人は、当時日本が提唱していた「大東亜共栄圏構想」を支持したのだ。

　第4章で述べたように、独立後、シンハラ人は政治権力を掌握し、やがてシンハラ人に有利な文化、政治、経済政策を採用した。その結果、シンハラ人の大多数を占める下位階級を強化させ、彼らに社会的流動性の機会を提供したのだ。ところが、こうした改革は民族間の対立を激化させ、その結果、分離独立を目指すタミル過激派の活動も活発になり、LTTEが結成された。1983年には、スリランカ政府軍とLTTEとの間で武力衝突が勃発し、内戦状態に陥った。この壊滅的な武力衝突の背景には、エスノ・ナショナリズムの深い底流があった。多くのスリランカ国民は、国民の二極化が民族に基づく紛争を引き起こし、それが自国（国民）の利益よりもむしろ外国の利益につながることを長い間恐れていた。この時期のスリランカと英米諸国やその他の地域との関係も、緊張と協力によって複雑化した。

　そして冷戦は、世界を二つの大国勢力に分割した。一方は米国によって支配され、もう一方はソ連勢力に属する国々であった。この頃、スリランカなどの植民地支配を受けた国々も新植民地主義からの解放を求めていた。しかし、米ソ対立が強調され、空母を中心とした海軍艦隊が太平洋や大西洋に展開されたため、インド洋から関心が遠ざかった。その結果、冷戦期において

スリランカの戦略的重要性は低下したのだ。

　結局、冷戦は 1991 年のソ連崩壊によって終結した。その後、米国の一極体制とパワー・ポリティクスが台頭し、9.11 の同時多発テロが起こるまで、その体制は続いた。世紀の変わり目から 20 年後、米国の軍事力と経済力は相対的に低下している。インド洋地域では巨大な市場経済が台頭し、多極的な地政学的構造が生まれているのだ。それにより、この地域は日本、中国、インドといったアジアの経済大国だけでなく、英米諸国にとっても戦略的にますます重要になっている。長距離航空戦力の新たな優位性と、その結果としての大型空母が率いる海上戦力の脆弱性は、同時に、海軍力と陸上戦略拠点とのバランスをとる必要性を示している。こうした新たな力学によって、広大なインド洋は多様なアクター（大国）にとって戦略的舞台となったのだ。これらの多様なアクターは、インド洋のシーレーンやインド洋を取り囲む海岸線にある陸上の戦略的要衝へのアクセスをめぐって競い合っているのだ（第 1 章参照）。それゆえ、スリランカは再び注目され始めたのである。

　必然的に、LTTE によるテロ問題の終結を重視するスリランカ政府は、この戦略的チャンスを生かすことに成功し、26 年間続いた LTTE によるテロは 2009 年 5 月に終結した。既述したとおり、ここで注目すべき点は、スリランカ国民が苦しんできた LTTE テロ問題の解決に中国が果たした役割である。2007 年頃から中国のスリランカに対する経済、軍事、外交支援が急増したのだ[161]。その背景には、スリランカの人権問題に対する英米諸国の「ダブルスタンダード = double standard」があるとされる。要するに、英米諸国の人権問題に対するダブルスタンダードが影響力の空白を作り、それを中国が埋めたのである[162]。中国は、投資、インフラ、地政学的機会に強い関心を示したが、人権問題にはあまり関心を示さなかった。その後、スリランカは西側諸国との協力よりも、むしろ LTTE のテロを終わらせるために中国の恩恵を利用した。逆に中国は、スリランカ政府の決定を巧みに利用したのではないだろうか。その結果、現政権は日本や他の G7 諸国との地政学的関係のバランスを保つのに忙しくしている。

3. スリランカにおける地政学的対立と日本の戦略的利益

　すでに述べたように、スリランカはインド洋シーレーン上の要衝に位置し、ヨーロッパや中東から中国や日本へとつながる重要な地点に位置する。この国際シーレーンは、年間約 36,000 隻の船、そのうち 4,500 隻は石油タンカーが利用している。日本のインド洋地域への戦略的利益は、ペルシャ湾からのエネルギー資源の調達と、この地域での自由貿易の維持である。この地域に対する主要な脅威は、国家間の対立や民族・宗教間の対立から生じている。スリランカの場合は、LTTE の打倒によって安全を取り戻すことになった。このことは、スリランカを国際的な取り組みや経済の再生など、いくつかの面で前進させる大きなチャンスを開くものである。しかし、スリランカが直面している最大の脅威の一つは、米中の覇権争い（グレートゲーム）であり、ひいては地域の安定を脅かし、スリランカの長期的発展にとって極めて重要なインド洋国際シーレーンに大きな脅威をもたらしている。この点に関して、スリランカ政府は 2010 年から、インド洋地域（Indian Ocean Region：以下、IOR）の海上安全保障とシーレーンの安全性を強化する目的で、ゴール・ダイアログ（Galle Dialogue：国際海上会議）を発足させた。

　中国がスリランカと緊密な関係を築く一方で、日本やその戦略的パートナーもスリランカとの関係を深めてきた。より具体的に言えば、スリランカの地政学的なポジションは、日本、インド、中国を含むさまざまな地域大国による外交的駆け引きの標的となっている。中国の習近平国家主席が 2013 年に打ち出した BRI 構想は、アジア諸国との安定的かつ建設的な関係の構築に取り組むとした。しかし実際には、BRI 構想によって中国はスリランカを含むインド洋の近隣小国に影響力を拡大している。第 6 章で述べたとおり、中国のスリランカに対する経済的・政治的関与の拡大は目覚ましいものがある。比較的短期間のうちに、中国はスリランカにとって最大の投資・貿易相手国となっている。スリランカが、中国が提唱する「21 世紀海上シル

クロード」の交差点に位置する戦略的立地であることを考えれば、中国の政策立案者は、インド洋地域における中国の戦略的プレゼンスを強化するために、スリランカに足掛かりを持つことが極めて重要だと考えるだろう。

こうした状況の中で、スリランカのハンバントタ港が中国企業に99年間リースされたことも、中国がその経済力を武器にスリランカの主権を損なっているという批判につながったと言えよう[163]。インドは、スリランカおよびこの地域における中国の影響力拡大を非常に懸念している。一方でスリランカは、非同盟・中立の外交政策をとることで、FOIPとBRIとの「バランスの取れた関係」を推進しようと努力していることは明らかである。

第6章でも述べたように、日本では2012年に安倍晋三首相（当時）が「アジアの民主的安全保障ダイヤモンド構想」を発表した。その後、中国の「真珠の首飾り」に対抗するインドの「ダイヤのネックレス構想」も注目され始めた[164]。地政学的な概念としての「真珠の首飾り」という概念は、2005年の米国防総省の内部報告書「アジアにおけるエネルギーの未来 — Energy Futures in Asia」で初めて使われた[165]。「ダイヤのネックレス構想」はまた、インドの地政学的・外交政策的ナラティブで広く使われており、南アジア地域全体で中国が進める大規模なBRIプロジェクトに対するインドの戦略と政策の核心である[166]。「自由でオープンなインド太平洋」という言葉は、公式の外交政策レトリックにも登場するようになっている。

前述のとおり、安倍晋三首相が、2016年8月にナイロビで開催された第6回アフリカ開発会議（TICAD VI）に際して、FOIP戦略を正式に提唱し、それ以来、FOIP構想は具体化し、日本が莫大な資源と資本を投入する戦略となった。日本は明らかにそれを認めていないが、FOIPは少なくとも部分的にはBRI構想に対抗するものとしてデザインされており、中国が2013年にBRIを発表して以来、日本がインド太平洋地域に対して失ってきた経済的・政治的影響力を取り戻すことを可能にしている。それは日本の2017年外交構想では、インド洋から西太平洋までの国際問題を管理する究極のビジョンとしてFOIPに言及していることからもわかる。日本のFOIPの主な目

的は、アジア、中東、アフリカ間の「コネクティビティ」を促進することである。政策立案者や学者が「コネクティビティ」について語るとき、彼らが通常意味するのは、何よりもインフラ整備の改善による貿易・投資関係の拡大である。やがて印豪米が日本の提唱するFOIPに追随し、現在の形になったと言われている。

FOIPは、日印豪米の4カ国によるインド太平洋安全保障対話、いわゆる「クアッド（QUAD）」によって補完されている。クアッドは、海洋安全保障、テロリズム、航行の自由の分野における日印豪米の協力をさらに強化することを目的としており、クアッド諸国が共同で達成しようとしていることの多くは、FOIPの一部でもある。日印豪米などの価値観を共有する国々は、海洋貿易、航行の自由、そして世界の発展、繁栄、安定の前提条件としてのルールに基づくリベラルな秩序の重要性を主張している。日本が提唱したFOIPは、より包括的ではあるが、戦略的な動機は薄いとされる、一方でその中核である米国は、パクス・シニカ（Pax Sinica）のインド洋秩序の台頭を抑制する手段として、「インド太平洋戦略」を本格的に打ち出したと言える[167]。なお、パックス・シニカとは、中国による世界の平和維持のことを指し、近年は中国主導の「一帯一路」構想によって、中国勢力がグローバルに拡大している。

このような状況において、国際的な専門家たちは、「新たな冷戦」の可能性が明らかになりつつあると警告している[168]。現在、中国の台頭によって、世界の国々は再び軍事的なゾーンに分割されつつあるように見える。日印豪は、中国の経済力と軍事力の増大への対応として、クワッドのような安全保障枠組に参加するよう圧力をかけられている。EUISS（European Union Institute for Security Studies）によれば、「QUAD」の形成は、インド太平洋地域における中国の積極的な外交・安全保障政策の直接的な結果である[169]。

ここで注意しなければならないのは、米国のインド太平洋戦略はFOIP構想とは異なるということである。つまり、米国のトランプ政権以来の「インド太平洋戦略」は競争を重視し、米国の覇権を維持するためのアジア版

NATOのように見える [170]。インド太平洋安全保障戦略は米国を注目の中心に据えているが、FOIPは米国とその同盟国間の複数の関係の枠組みである。前述のとおり日本のFIORへの軸足は、安倍首相のFOIP構想の一部であり、海洋における法の支配の強化、航行の自由の強化、地域のインフラ整備を目的としている [171]。日本は、「競争」と「協力」を並行させることで、法の支配に基づく秩序が維持され、繁栄と平和がもたらされるとしている。また、インドと日本は中国との「協力」を重視しており、米国のインド太平洋戦略とは異なるようだ。第二次世界大戦後、比較的安定していたインド洋が、次第に米中の覇権争いの主舞台になりつつある。したがって、インドが複数の軸足を持つように、日本も複数の軸を持てば、地域の安全、繁栄、価値観の確保が期待できる。

　インド洋地域や世界の他の地域で分裂を引き起こすような大国からの支援は余計なものであり、歓迎されるべきではない。幸いなことに、インドは自国の安全保障上の必要性に基づいて決断する能力を有している。米国の一方的な決定を受け入れない姿勢は、ロシアからの先端軍事技術の受け入れ禁止を拒否したことで示されている。日本もまた、中国に民主主義や法の支配といった価値観の尊重を求める一方で、中国との対立を避ける道を選んでいるように見える。このように、インド洋地域ではFOIP構想を核とした新たな経済・安全保障の枠組みが形成されつつある。この関係はまだ始まったばかりだが、すべてのパートナーの利益のために強化することができるだろう。

4.　人間の安全保障と ODA

　第二次世界大戦後、日本は戦争の惨禍を繰り返さないことを決意し、平和国家として再出発することになった。日本は持続可能な世界を望み、平和主義の原則は日本国憲法第 9 条に明記され、戦争の放棄、戦力の不保持、交戦権の否認を規定している。このため、文民の力を重視する日本の戦後の外

交政策は、「非軍事貢献」「人間の安全保障」「自助努力支援」を重視し、スリランカを長く支援し、一定のプラス効果を生み出してきた。普遍的価値の共有による貧困削減、平和、安定、成長、そしてそれに付随する「人間の安全保障」というコンセプトは、国交樹立以来、日本の対スリランカ外交の原形となってきた。二国間主義は、スリランカにおける開発と人間の安全保障に関する日本の国際協力の重要な特徴である。人間の安全保障の概念は、国が経済的に弱体化すると、社会的弱者である貧困層や女性、子どもたちに直接的な打撃を与え、彼らの生存と尊厳が脅かされるため、弱い立場にいる人間一人ひとりの安全を重要視している。言い換えれば、人間の安全保障とは、人間の生命と尊厳に対するあらゆる脅威を包括的に捉え、そうした脅威に対応する必要性を強調する概念である。したがって、日本の対スリランカ協力は、ODAや経済援助を通じて、英米諸国のように上からの目線で「強制」するものではなく、「共生」を促す日本らしい「協力」を行うことであろう。ODAはまた、憲法上の制約から軍事力に頼って政治的影響力を行使できない状況における日本の主要な外交手段でもある。このように、日本政府はその立場をうまく利用することで、内戦や国際紛争において、冷戦終結後にどの国よりも大きな政治的役割を果たしてきた。これはまた、紛争地域における日本の外交政策とODAの新たな展開を意味する。

　日本は、スリランカがサンフランシスコ講和会議で日本を手助けするために果たした役割を決して忘れてはいない。日本は、英米諸国が課すような過酷な条件、特に政治的な条件を課すことなく、スリランカの人間の安全保障に対する脅威を緩和するために協力しているとみられている。2003年6月、LTTEのテロがますます深刻化する中、日本は箱根で和平交渉を主催し、スリランカ復興開発東京会議を開催した。最も重要なことは、スリランカがLTTEの打破後に人権問題で欧米諸国から疑惑の目を向けられていたとき、日本がスリランカ側についたことだ。具体的に言えば、2009年5月にLTTEを軍事的に打倒した直後、スリランカの人権状況に対する英米の批判に対するマヒンダ・ラージャパクサ大統領の対応が物議をかもしたとき、日

本は G7 の中でスリランカに最も同情的な国であり、スリランカ政府と欧米諸国との仲介役を務めたことである。さらに、現在の政治・経済危機における日本の動きからも、日本の対スリランカ方針が見て取れる。これは、スリランカ財務省が 2022 年 4 月 12 日をもって対外公的債務の支払いを停止すると発表し、その直後にスリランカ首相が日本に対し、持続可能な新たな返済計画の策定において指導的役割を果たすよう要請したことからも明らかである。

　植民地時代の負の歴史を克服しようと奮闘しているスリランカには、日本のようなより多くの支援 ― 真剣な政治・経済戦略 ― が必要であろう。

5.　開発パートナーとしての日本

　1954 年 10 月 6 日、日本はコロンボ・プランに参加し、スリランカを含むアジア諸国への経済援助を開始した。このことから、日本では 10 月 6 日を「国際協力の日」と定めている。日本のスリランカへの経済協力は、1960 年代の円借款援助の実施に始まり、それ以来、両国間の貿易・投資の連携が発展してきた。さらに、1980 年には青年海外協力隊の派遣、2005 年には技術協力協定が結ばれている。約 70 年にわたり、スリランカの経済・社会インフラの整備や人材育成に重要な役割を果たしてきたのである。また、日本は 1989 年から 2009 年までの 20 年間、トップドナーとしてスリランカとの経済協力を推進してきた。2010 年以降、日本は中国、インドに次ぐ世界第 3 位の援助国となっている[172]。

　サンフランシスコ講和会議での J.R. ジャヤワルデネ元大統領（当時のスリランカ財務大臣）の歴史的演説を受けて、日本政府は連帯の意思表示としてスリランカを大いに支援したと言えよう。日本政府がスリランカで支援した主なプロジェクトは、日本国際協力機構（JICA）と国際協力銀行（JBIC）を通じて行われたものである。スリ・ジャヤワルダナプラ病院は、両国間の

永続的な友好関係を示す、日本からスリランカへの重要な贈り物のひとつである。さらに、日本の無償資金協力は、教育病院、医学研究所、コロンボ大学コンピューター技術研究所、空港検疫センター、ルーパヴァヒニ公社（スリランカ国営テレビ局）など、多くの機関建設プロジェクトに貢献してきた。さらに、日本は1980年以来、コラバ（コロンボ）港開発計画へのODAを投入し、歴史的な価値のある空港の拡張と維持に協力してきた。その他の主なプロジェクトには、マハウェリ開発、サマナラウェワ、ククレガンガプロジェクトの一部が含まれる。

　LTTEの打倒以降、日本は、テロ被害地の復興と開発、そしてスリランカの着実な経済成長に大きく貢献してきた。具体的には、「バンダーラナーヤカ国際空港開発プロジェクト」「ケラニ川新橋建設プロジェクト」「アヌラーダプラ給水プロジェクト」「マハヌワラ（キャンディ）市廃水管理プロジェクト」「地上波テレビ放送デジタル化プロジェクト」など、近年スリランカで実施された日本の融資による大型開発プロジェクトは、スリランカにより大きな利益をもたらした。バンダーラナーヤカ国際空港改善事業において、日本の円借款契約は2012年3月（フェーズ1）に289.69億円、2016年3月（フェーズ2）に454.28億円に上る。また、ケラニ河新橋建設事業において、2014年3月に350.20億円の借款契約を行い、質の高い日本の技術が活用されたスリランカ初のエクストラドーズド橋として2021年11月に事業完了している[173]。

　JICAによると、日本とスリランカの二国間関係は伝統的に友好的であり、日本にとってスリランカは、海上輸送ルートの確保や南アジア地域との経済関係の発展において地政学的に重要である[174]。スリランカでは、経済成長の基盤であるインフラ整備の遅れに加え、社会サービスの質の向上、自然災害対策、約26年にわたるLTTEによるテロ・インフラ破壊地域の開発が大きな課題となっている。さらに日本は、スリランカにおける持続可能な成長の促進、LTTEの打破に伴う国民和解に向けた努力の促進、スリランカに進出している日本企業の労働環境の改善に関する課題の克服に向けた支援の拡

大などに力を入れる。こうした支援は、国際シーレーンの安定に大きく貢献するほか、日本が直面するインド洋の安全保障問題の解決にも大きく寄与している。

　しかし、日本の人間の安全保障のアプローチと実践は、スリランカにおけるLTTEのテロ問題を解決することはできなかった。こうした失敗から学んだ教訓に基づき、スリランカにおける日本の協力は、日本の外交・安全保障政策の転換とともに発展し、特に安倍政権2期目にはスリランカとの戦略的パートナーシップを強化することになったと言えよう。

6. 地政学的パートナーシップの強化

　2014年9月の安倍晋三首相のスリランカ訪問は、1957年の岸信介首相以来となる日本の首相による国家元首レベルのスリランカ訪問であり、日本にとってスリランカとの関係強化の重要性が高まっていることを示している。安倍首相は、伝統的な友好関係を「海洋国家間の新たなパートナーシップ」へと発展させることで、二国間協力をさらに強化する意向を表明した[175]。日本はまた、新たな外交政策 ― FOIP構想 ― に着手しており、スリランカはこれにうまく参加し、特にスリランカでプレゼンスを拡大する中国に対抗するために日本政府を後押しすることができるだろう。スリランカは、より技術的に進んだ製品を生産し、クリーンで再生可能なエネルギー源、より効率的なエネルギー利用、低排出交通システムの市場を拡大する必要があり、日本はその手助けをすることができる。ラージャパクサ大統領との会談では、海洋協力を強化することで合意し、中国を牽制したのだ。安倍首相は7日夜、コロンボで開かれた経済界のリーダーたちの会合で次のようにスピーチした。

　「自由で開かれた海洋の実現のためにスリランカとの協力を強化し、太平洋と

インド洋の友好の架け橋をさらに強化したい」

この発言は、中国の「真珠の首飾り」、つまり今日では「海上シルクロード」の一環として推進されていることを念頭に置いている。これは海洋安全保障戦略であり、スリランカなどいくつかの主要な海洋戦略上の要衝を通る国際シーレーンに沿って、海港などの重要な接続インフラの開発を促進するものである。これは2015年5月、安倍首相が「質の高いインフラ整備のためのパートナーシップ」を発表し、当初はアジアにおける道路、鉄道、港湾の建設資金として1,100億米ドルを提供することを明らかにしたことからもわかる[176]。

ところが、2014年に安倍首相がスリランカを公式訪問した際、中国の潜水艦がスリランカのコロンボ港に停泊することを許したことで、日本は傷ついたと言われている。その後、2015年にスリランカの政権が交代したことで、日本を始めとするG7諸国は人権問題をめぐるスリランカへの圧力を緩和し、スリランカに最接近したのだ。そして、スリランカのシリセーナ大統領は2016年5月、G7アウトリーチ・サミットのアウトリーチパートナーとして日本に招かれた。「アジアの成長と繁栄」と題されたサミットのセッションで演説したスリランカ大統領は、民主主義と安定を回復するための政府の政策イニシアチブを概説した。このサミットで安倍首相は、「質の高いインフラのための拡大されたパートナーシップ」というイニシアチブを通じて、日本もスリランカとの協力を強化すると述べた。前述の日本のFOIPの中核は、日本が「質の高いインフラ」と呼ぶもので、アジアとアフリカで日本が資金提供または共同出資するインフラ開発プロジェクトである。安倍首相はまた、スリランカ社会の持続的な経済発展を通じて平和と安定をさらに促進するため、約380億円のODA融資を行う意向を表明した[177]。さらに安倍首相は2016年5月28日、G7サミットの傍らで行われたシリセーナ大統領との会談で、スリランカの海上安全能力を向上させるため、巡視船2隻の供与を発表した。さらに、安倍首相は、コロンボ北港とトリクナーマラヤ（トリンコマリー）港周辺のハブ開発のニーズと物流に関する調査のた

め、調査団を派遣する意向を表明した[178]。このように、積極的な関与と協力を通じて、スリランカにおける中国の影響力を低下させる努力がなされている。

　前述したように、インド洋地域の最重要国の一つであるスリランカは、マヒンダ・ラージャパクサ大統領が国内のインフラ整備のために中国から多額の融資を受けていたため、中国の影響を受けているのだ。2015年の選挙で勝利したシリセーナ政権は当初、中国への依存度を下げたいと考えていたが、財政難のため実現できなかった。スリランカ政府は日本や他のG7諸国との関係強化を図る一方で、中国のBRI構想にも参加している。スリランカにおける中国の影響力拡大に対する日本の懸念を和らげるため、シリセーナ政権は、中国21世紀海上シルクロードの旗艦プロジェクトとされるコロンボ港湾都市プロジェクトの条件を適切に見直したとされる。

　スリランカと日本はともに、相互の海洋関係の強化に関心を抱いている。すでに述べたように、日本にとってスリランカに対する海洋上の関心は、インド洋地域のシーレーンにおけるスリランカの戦略的位置によるものであることは明らかである。そのため、日本はスリランカとの関係強化を約束し、海上安全保障協力に特別な注意を払ってきたと考える。2016年1月、コラバ（コロンボ）で開催された両外務省高官レベルの政策対話の第1回では、海上安全保障、安全、海洋問題に関する議論が行われた。この会合では、「公海の自由と法の支配に基づく海洋秩序の維持の重要性」が再確認された。

　小野寺五典の2018年8月のスリランカ訪問は、日本の防衛大臣による史上初のスリランカ訪問となった。スリランカのウィジェワルダナ国防担当相と会談し、中東やアフリカと日本を結ぶシーレーン（海上交通路）の要衝であるスリランカとの海洋における安全保障協力を強化し、インド洋への進出を強める中国をけん制することが話し合われた[179]。さらに日本の海上自衛隊は、インド洋地域で発生している課題に対処するため、スリランカ海軍と海上演習を開催した。日本最大の軍艦であるヘリ空母「かが」は、友好訪問の一環としてコロンボ港に入港した[180]。

　2018 年、河野太郎外務大臣はスリランカを訪問し、スリランカ訪問の主な目的を次のように述べた。

　　「日本とスリランカはともに海洋国家として、自由で開かれたインド太平洋から発展と繁栄を享受することができ、その実現に責任を負っている。日本はスリランカとともに、港湾整備など質の高いインフラ事業を通じて連結性を高め、海上安全を強化することにより、地域の平和と繁栄をさらに促進していく決意である」[181]。

　2021 年 11 月 30 日、水越英明駐スリランカ日本大使[182] は、G.L. ピーリス外務大臣を表敬訪問し、日本外務大臣からの挨拶を述べるとともに、スリランカとの二国間関係強化に対する日本の熱意を表明した。さらに、日本・スリランカ外交関係樹立 70 周年を 2022 年に迎えること、日本は経済・海上安全保障における協力をさらに強化することに言及した[183]。

　これらの動きは、自由で開かれたインド太平洋における海上安全のためにスリランカに手を差し伸べる日本の意欲と熱意を示している。

▎ 7.　今後の見通しと課題

　独立後、長く続いたスリランカの混乱はLTTEの敗北によって終わりを告げ、スリランカに平和と安定がもたらされたかに見えた。しかし、米国主導のインド太平洋戦略・日本主導の FOIP 構想や中国主導の BRI 構想の「要衝」に位置するスリランカの「平和と安定」が危機に瀕していることが明らかになった。

　スリランカにおける最大の問題は、BRI と FOIP との関係の安定とバランスである。BRI 構想の一環として開発された南部ハンバントタ港の開発では、スリランカ政府が債務を返済できず、権益の大半を中国国有企業が 99 年間租借することになった。また、コラバ（コロンボ）沖では中国主導で 233 ヘクタールの埋立地に商業施設や住宅を開発する大規模開発計画が進行中だ。

このプロジェクトの開発資金の約14億米ドルは中国が出資することになっており、中国の影響力が強い施設になることは間違いない。GDPの6％を観光業で稼ぐスリランカにとって、2019年4月21日に発生したイスラーム過激派による自爆テロ事件や、新型コロナウイルスの世界的流行による観光客の減少は、経済全体を衰弱させるほどの影響を与えている。スリランカ政府は、影響力を増す中国にどう対処すべきか、難しい立場にある。

　一方、FOIP構想のパートナーは、中国がハンバントタ港を軍事利用する可能性を警戒している。これに対抗するため、日米印はコラバ（コロンボ）港とトゥリークナーマラヤ（トリンコマリー）港の共同開発を進めている。また、米国はACSAやSOFAなど、スリランカとの新たな安全保障協定の締結を急いでいる。

　スリランカは、これらの競合がエスカレートすることを懸念している。独立以来、スリランカは「非同盟」の外交政策を採用してきた。スリランカは、シリマヴォ・バンダーラナーヤカ首相がインド洋平和地帯を提唱したのを皮切りに、「非同盟でルールに基づく秩序」を提唱してきた歴史がある[184]。スリランカは、競争ではなく「対話と協力のインド洋」を目指すことを決め、暗に双方に自制を促している。しかし、南アジアでは、安全保障の面で中国に対する「米国主導のインド太平洋戦略」の役割に期待する国がある一方で、パキスタンなど中国への傾斜を強める国もある。競合が激化する中、スリランカは両陣営の争いを招かないよう、どちらにも肩入れしない中立の立場を示しているようだ（図6-1）。スリランカの立場としては、2つの陣営のどちらかを選択せざるを得ないような状況はできれば避けたい。そんな中、マイク・ポンペオ米国務長官は訪問先のスリランカでゴーターバヤと会談し、その後の記者会見で、港湾開発を支援することでスリランカへの影響力を拡大しつつある中国を批判した。

　一方、スリランカの中国大使館は2020年11月26日の声明で、ポンペオの発言は中国とスリランカの関係を阻害するものだと述べた。スリランカにとって、米国と中国の間でバランスを取ることは今日ますます難しくなって

いる。スリランカには、「矛盾と共存する強さ」を持つ以外の選択肢がある
のだろうか？　このような国際関係においては、西側諸国も中国もスリラン
カの「非同盟・多国間主義」の姿勢を尊重することが求められる。このよう
に、スリランカはインド太平洋戦略・FOIP と BRI の両方との経済関係を拡
大する一方で、西側との友好協力を強化するというヘッジ外交政策を採用す
べきである[185]。そのためには、米国の同盟国であり、民主主義という共通
の価値観を共有する伝統的な友好国である日本との関係をさらに強化するこ
とが重要である。

　日本は経済大国であり、その経済的手段は軍事力に依存するのではなく、
スリランカのような相手国との関係を強化するために幅広く活用されてい
る。言い換えれば、日本はスリランカやその他のアジア地域における外交政
策目標を達成するために、地経済学的手段を用いているのである。つまり、
「国益を促進・擁護し、地政学的に有益な結果をもたらすために経済的手段
を用いることである」[186]。同様に、スリランカの地理的重要性、政治的安定
の見通しから、将来のインド洋地域秩序において大きな役割を果たすであろ
う。だからこそ、地域および地域外の大国はスリランカに影響力を確立し、
インド洋岸の自立性を制限しようとするのである。現在の状況において、米
国主導のインド太平洋戦略や中国の BRI のような地政学的戦略の枠組みは、
スリランカとこの地域の利益に資するようには見えない。FOIP を持つアジ
アの経済大国であり、ソフトパワーである日本は、スリランカとこの地域を
より効果的に支援することができるであろう。そのために日本は、スリラン
カに海上通信ネットワークシステムや「ゴール・ダイアログ」のような海
上安全保障に関するフォーラムを設置し、IOR における活動の両軌道を維持
し、志を同じくする国々と情報交換することを目的として、リーダーシップ
を発揮することを期待している。加えて、平和を愛し民主主義国家である日
本は、スリランカとその他の地域の持続可能な経済成長を確保するだけでな
く、国家レベルで良好な統治と基本的自由を促進するために、その経済力と
ソフトパワーを活用しなければならない。

スリランカはまた、いくつかの理由から日本を魅力的なパートナーと考えている。

第一に、日本は1951年のサンフランシスコ会議で受けた支援に報いるため、スリランカに対して善意を持っている。

第二に、日本は欧米諸国とは対照的に、スリランカにおける帝国主義的支配の過去を持たず、誠実なパートナーであると考えられている。

日本のインド太平洋に対する包括的戦略である自由で開かれたインド太平洋戦略（FOIP）は、中国を最大の競争相手と位置づけている。スリランカの外交政策は、この地域の内外の友好国と協力して、自由で開かれた経済、技術、軍事、外交のインド太平洋政策を制定するという日本の新戦略にどのように関与するかという点で試されている。日本は、自由で開かれたインド洋計画に基づき、スリランカのインド洋へのアクセスを利用したいと考えているのだ。

一方、中国にとっても、「BRI構想」の推進という長年の目的という点で、スリランカの利害は同様に大きい。この対立の帰趨（きすう）は依然として不透明だが、スリランカは両国と友好的な関係にあるため、この競争から自国の国益 ― 国民の安全、繁栄、価値観 ― を確保することもできるだろう。しかし、中国への経済的依存を減らすことは、スリランカにとって賢明な長期的政策である。

したがって、スリランカが国内および地域の平和と安全を維持する唯一の選択肢は、民主主義と自由という価値観を共有する日本と積極的に協力することではないだろうか。そのような外交機会を追求することが、インド洋地域全体の安定につながるのである。

注

159) Jayewardene J.R (1988) "Speech at the conference for the conclusion and signature of the treaty of peace with Japan", San Francisco, USA. 6th September 1951 by J.R Jayewardene in *My Quest for Peace-A Collection of Speeches on International Affaires*. Singapore: Stamford Press, 1988, pp.10-16

160) Dower, John. "The San Francisco System: Past, Present, Future in US-Japan-China Relations."

Asia-Pacific Journal, 2014, 12(8/2).

161) "How Beijing won Sri Lanka's civil war" *INDEPENDENT*, 入手先：〈https://www.independent.co.uk/news/world/asia/how-beijing-won-sri-lanka-s-civil-war-1980492.html〉閲覧日：2023 年 10 月 18 日。

162) Committee on Foreign Relations US Senate, "Sri Lanka: Re-Charting US Strategy after the War" (2009), 入手先：〈https://www.foreign.senate.gov/imo/media/doc/SRI.pdf〉閲覧日：2021 年 10 月 27 日．

163) *Daily FT*. (2019) *Sri Lanka's port development and the role of the BRI*, 入手先：〈http://www.ft.lk/shippingaviation/Sri-Lanka-s-port-development-and-the-role-of-the-BRI/21-678877〉閲覧日：2020 年 12 月 23 日。

164) Abe, Shinzo (2012), "Asia's Democratic Security Diamond," Project-Syndicate, 入手先：〈http://www.project-syndicate.org/commentary/a-strategic-alliance-for-japan-and-india-by-shinzo-abe〉閲覧日：2020 年 10 月 22 日。

165) *The Washington Times*, 入手先：〈https://www.washingtontimes.com/news/2005/jan/17/20050117-115550-1929r/〉閲覧日：2021 年 11 月 19 日。

166) Mohan C. Raja (2012). *Sino-Indian Rivalry in the Indo-Pacific*. Brookings Institution Press.

167) Liang Fang (2017), "Indo-Pacific strategy will likely share the same fate as rebalance to Asia-Pacific," *The Global Times*, 入手先：〈http://www.globaltimes.cn/content/1078470.shtml〉閲覧日：2020 年 12 月 17 日。

168) Kobara, Junnosuke; Moriyasu, Ken (2021). 入手先：〈"Japan will turn to Quad in 'new Cold War': Defense Ministry think tank"〉. *Nikkei Asia*. 2021 年 4 月 20 日）; Heydarian, Richard (2021). 入手先：〈"Quad summit next step towards an Asian NATO"〉. *Asia Times*.（2021 年 4 月 28 日）; Jamali, Naveed; O'Connor, Tom (2020). 入手先：〈"US, China"s Geopolitical Battle for Asia Shapes New Power Dynamic for Region"〉 *Newsweek*.（2021 年 4 月 10 日）。

169) Pejsova, Eva (2019), "The Indo-Pacific: A passage to Europe?"、入手先：〈https://www.iss.europa.eu/sites/default/files/EUISSFiles/Brief%203%20The%20Indo-Pacific_0.pdf〉閲覧日：2019 年 12 月 26 日。

170) Horimoto, Takenori (2018), "*Debate: The Indo-Pacific Region Needs a Strategy to Both Hedge, and Engage, China,*" *The Wire*, July 21. 入手先：〈https://thewire.in/security/foip-debate-two-sided-strategy-of-engagement-with-china-is-indispensable〉閲覧日：2020 年 12 月 2 日。

171) Nagao, Satoru, (2017) "The Role of Japan–India–Sri Lanka Maritime Security Cooperation in the Trump Era" *Maritime Affairs:* Journal of the National Maritime Foundation of India, p.43.

172) 'Performance Report 2008-2012' by the Ministry of Finance and Planning of Sri Lanka.

173) JICA,「ケラニ河新橋建設事業」入手先：https://www.jica.go.jp/oda/project/SL-P111/index.html〉閲覧日：2023 年 11 月 4 日。

174) Ministry of Foreign Affairs of Japan (2019) White Paper on Development Cooperation, 2019, Japan's

International Cooperation-Building a better future by connecting the word, p.97

175）Ministry of Foreign Affairs of Japan (2014) "A New Partnership between Maritime Countries" 入手先：〈https://www.mofa.go.jp/files/000051016.pdf〉閲覧日：2021 年 12 月 17 日。

176）Goodman M.P., "An Uneasy Japan Steps Up", Global Economics Monthly, Center for Strategic & International Studies (CSIS), Washington DC, vol. VII, no. 4, April 2018.

177）日本外務省（2016 年 5 月 28）「日・スリランカ首脳会談」入手先：〈https://www.mofa.go.jp/mofaj/s_sa/sw/lk/page1_000201.html〉閲覧日：2021 年 12 月 28 日。

178）Ministry of Foreign Affairs of Japan (2016) "Media Statement Japan-Sri Lanka Summit Meeting"〈https://www.mofa.go.jp/files/000160708.pdf〉閲覧日：2021 年 12 月 20 日。

179）日本経済新聞（2018 年 8 月 21 日）「海洋の安保協力強化　日スリランカ防衛相」、入手先：〈https://www.nikkei.com/article/DGXMZO34407110R20C18A8PP8000/〉閲覧日：2023 年 11 月 2 日。

180）Nikkei Asian Review (20 August 2018) "Japanese defense chief kicks off tour of India and Sri Lanka, " 入手先：〈Japanese defense chief kicks off tour of India and Sri Lanka - Nikkei Asia〉閲覧日：2021 年 12 月 29 日。

181）Somarathna, R. (2018, November12th) Japan to enhance defence cooperation. Daily News, 入手先：〈http://dailynews.lk/2018/11/12/local/168203/japan-enhance-defence-cooperation〉閲覧日：2021 年 12 月 19 日。

182）水越秀明氏は、2021 年に駐スリランカ日本大使に任命された。

183）Foreign Minister of Sri Lanka (2021), Ambassador of Japan to Sri Lanka MIZUKOSHI Hideaki called on Foreign Minister Prof. G.L. Peiris, 入手先：〈Ambassador of Japan to Sri Lanka MIZUKOSHI Hideaki called on Foreign Minister Prof. G.L. Peiris – Foreign Ministry – Sri Lanka (mfa.gov.lk)〉閲覧日：2021 年 12 月 28 日。

184）United Nations (1971), "Declaration of the Indian Ocean as a Zone of Peace"、入手先：〈https://www.un.org/ru/documents/decl_conv/declarations/indian_ocean.shtml〉閲覧日：2020 年 12 月 8 日。

185）Moonesinghe, P. (2019) "Playing both Sides of the Fence: Sri Lanka's Approach to the BRI" South Asian Voices, 入手先：〈https://southasianvoices.org/both-sides-of-the-coin-sri-lankas-approach-to-bri〉閲覧日：2021 年 12 月 25 日。

186）Blackwill, R.D., Harris, J.M. (2016) War by other means: geo-economics and statecraft. Massachusetts: Harvard University Press, p.20.

エピローグ

16世紀から第二次世界大戦後まで続いた植民地支配と、その後のポスト植民地時代から、私たちは何を学ぶことができるのだろうか。個々の出来事について考えるべきことはたくさんあるかもしれないが、重要なのは、出来事の全体的な流れ・傾向を理解することである。この傾向は現在も続いており、これからも続くだろう。過去に起こったことを知らずに、今起こっていることを理解することはできないし、未来について考えることもできない。本書で地政学と歴史を通して読み解くスリランカ政治の本質について長々と書いたのは、そのことを知ってほしかったからである。

スリランカでは、紀元前5世紀にインド北部から移住してきたシンハラ人が王国を築き、紀元前3世紀に仏教が伝わると、以後現在まで仏教国としてその信仰を守り続けてきた。しかし、スリランカはインド洋の重要な交易拠点であるため、早くから欧米諸国の侵略を受けていた。1505年にはポルトガル人が到来し、沿岸部を約150年間支配し、1658年からはオランダ人が統治し、約140年間植民地支配を続けた。1796年には英国が支配者となり、島全体を支配下に置いた。英国は島全体を茶の生産基地として利用し、ヨーロッパ列強の侵略以前は自給自足していた米さえ輸入しなければならなかった。第3章で述べたように、独立を求める3つの大きな反乱も武力で鎮圧された。

さらに悪いことに、英国は、南インドから移住してきた少数派のタミル人を優遇し、彼らを教育して役人にし、多数派のシンハラ人を支配下に置いた。この巧妙な分割統治政策に端を発し、1948年に独立を果たした後も続く民族対立が、国民統合を難しくしている。その結果、スリランカでは1980年代から多数派のシンハラ人と、分離独立を求める少数派のスリランカ・タミル人が対立する武力衝突が続いた。先に述べたように、2009年に

26 年に及ぶ武力衝突を中国などの支援により終結させたが、その後中国主導のBRI構想と米国主導のインド太平洋戦略・FOIP構想の要をなす「表舞台」となる様相を呈している。そうした背景の下、国際社会が、スリランカ国内政治および外交政策に注目していることはいうまでもない。

　スリランカの外交政策の基本に2つの考え方がある。

　第一に、独立以来の対外政策の基本にあるのは、「非同盟主義」の原則である。独立時の 1948 年に提唱されたこの外交政策の規範的原則によれば、主要大国間の対立において、どちらの立場にも与しないということである。

　第二に、この「非同盟主義」の原則を地域レベルに拡大し、他の南アジア地域協力連合（South Asia Association for Regional Cooperation：以下、SAARC）諸国と共に、南アジア圏において主要大国間の「力の均衡」を実現することである[187]。

　スリランカの伝統的な非同盟主義的外交政策理念は、今日に至るまで根強く残っており、その立場を維持しつつ、歴史的・文化的に密接な関係を持ち、政治的・安全保障的に極めて重要な国であるインドとの良好な関係を維持するよう努めている。国民からは特定の大国との軍事同盟などの特別な関係を排し、「全方位外交」を求める声も強い[188]。また、経済社会開発と国家安全保障の観点から欧米および日本との関係強化を重視しつつ、中国とも良好な関係を維持することを求める声もある[189]。

　スリランカは、英米諸国主導の国際経済や自由で開かれた海洋に関するリベラルな国際規範やルールを全面的に支持する一方で、人権問題では英米諸国と対立している。これは、英国などに植民地化されたスリランカの人々（シンハラ人）の立場からすると、歴史的にも現在も差別や人権侵害の加害者は英米諸国だと考えられているからであろう。スリランカだけでなく、グローバル・サウスの旧植民地の多くは、人権問題における英米の「二重基準」に強く反発しており、現状を変えるために中国やインドに期待する声もある。ロシアのウクライナ侵攻への中立的な態度についても言われることだが、根底にあるのは反英米機運である。英米諸国によるイラクやリビアでの

武力による政権転覆、イスラエルによるガザでの大量虐殺を擁護・支持する一方で、プーチンに対する批判のダブルスタンダードや、人権や民主主義について上から目線で説教する姿勢には強い不信感と怒りがある。そのため、グローバル・サウスでは、人権や自由といった共通の価値観を支持する一方で、政治的な反英米の機運が広がっているのは事実である。すでに述べたように、スリランカでは国連人権委員会などでの人権問題や戦争犯罪に関する英米諸国の「ダブルスタンダード」に対する不信感と怒りが強い。

　このように、米国主導のインド太平洋戦略に関しても、中国のBRI構想に関しても、スリランカの姿勢は「不即不離」であると言える。インド太平洋戦略の背後に米国のアジア戦略・海洋戦略を読みとるとともに、他方でBRI構想の背後に中国の地政学的戦略を読み取って、これに警戒感を表明し、伝統的な非同盟主義の維持を強く求めることとしている。また、両構想・戦略に対するスリランカのこうした姿勢には、インド洋圏の多くの国[190]と同様に、両陣営の対立のエスカレートへの懸念が見える。「競合ではなく、対話と協力のインド洋圏」を目指すとしており、米中主導の両陣営に暗に自制を促すメッセージを発しているのであろう。つまり、米中対立が激しさを増す中、スリランカとしては、自らの安全を脅かさないよう、どちらにも軸足を置かないバランスの取れた立場を保つしかないであろう。両陣営のどちらを選ぶのか、選択を迫られる事態はできれば避けたいというのが、スリランカの立場であろう。よって、多国間主義を重視し、SAARCや2006年に加盟したアセアン（ASEAN）地域フォーラム（ARF）、環インド洋連合（IORA[191]）を軸にした地域組織を通じて危機回避に努めるべきであると主張する意見もある。

　しかし、スリランカにおけるこのような外交政策を取り巻く状況は、ますます複雑になっている。それを助長しているのが、この地域における「力の分散」の傾向である。上述の通り、台頭する中印の経済発展と軍事力の近代化に伴って、南アジア地域では「パワーシフト」が起きている。中国が新たに手にした国力を今後どのように使おうとしているのか、大きな流れのゆく

えが読めない。スリランカにとって中国の台頭は直ちに「軍事的脅威」の高まりを意味するものではなくても、中国がスリランカをはじめ南アジア諸国でどのような役割を演じようとしているのか、また地域の政治・経済・安全保障の安定に寄与する役割を演じるのか、疑問が残る。この中国の台頭に伴う戦略的不透明性の高まりは、スリランカにとって最大の課題といってもよい。いずれにせよ、今すぐに中国が米国に代わってインド太平洋地域と世界を支配する大国になる可能性は低い。そして、今のままの中国に追随する国は少ない。今のところ、スリランカにとって中国が魅力的なのは経済パートナーとしてだけであろう。

　また、インド太平洋戦略の参加国も今後インド洋圏において大きな影響力を持つことは間違いない。しかしながら、この地域での米国の優位は、中国の台頭によって制限されざるを得ない。米国はオバマ政権以来、インド洋圏諸国への政治、経済、軍事的な関与を強めつつある。しかし、自国第一主義を掲げていたトランプ政権から民主党政権に変わったことで世界が協力モードになったが、またイスラエルの大量虐殺を容認するなどの影響も大きく、大きなスパンで見ると米国コアの世界というものに戻るとはもう考えにくい。それは、世界はいったん、自国第一主義の米国を経験し、米国はトランプのようなリーダーを選ぶ国、イスラエルのような国の見方をする国だとわかったからである。つまり、自由や民主主義の価値観を無視するような米国の行動が世界の危機感を高めており、そのような国に魅力を感じる国も少なくなりつつある。スリランカも同じように考えているのであろう。

　スリランカは両陣営の激しい対立も共同統治体制も望んではいないが、中国の台頭を牽制する米国の動きがさらに強化され、中国がこれに「力」で対応すれば、両陣営間の武力衝突も現実味を帯びるかもしれない。こうした両陣営の戦略関係の展開は、2つの点でスリランカの「非同盟主義」を妨げる可能性がある。

　一つ目は、両陣営の対立関係が激化の結果、スリランカがその争いに巻き込まれ、インド洋圏が分断される懸念である。スリランカがその大国の「戦

いの場」になる可能性は高いと思われる。実際、例えばBRI構想に沿って多
額の資金をスリランカに融資し、2010年11月に開港した南部のハンバント
タ港などの大規模なインフラ開発やインドや米国によるインフラ開発をめ
ぐって大国同士が対立している。

　二つ目は、インド洋圏諸国が大国間競争によって分断されれば、この地域
の国際関係における南アジアの役割は弱体化せざるを得ず、大国競争から自
立した「南アジア圏」という構想は頓挫せざるを得ない。

　したがって、スリランカにとっては、そうしたインド洋圏諸国の分裂を促
すような大国間の激しい競争を抑制して、両陣営間の協調を促す外交努力が
不可欠である。そして、軍事力や経済力で大国の行動を抑制する「国力」を
有しないスリランカにとって、唯一の選択肢として「非同盟主義」および「全
方位外交」を基盤とする多様な国家や地域組織とネットワークを構築し、そ
こへの大国の関与を促し、大国に自制と相互抑制を求める外交政策をとるほ
かない。

　そこで重要なのは、日本との関係を強化することである。今日、日本は第
二次世界大戦後の努力もあって、グローバル・サウスのさまざまな率直な意
見を聞ける立場にある。前述のように、中国も米国主導の「インド太平洋戦
略」には強い懸念を示しているが、日本主導のFOIP構想には理解を示して
いる。このような日本の立ち位置を大切にすれば、インド洋地域で展開され
ている「グレートゲーム」をウィン・ウィンの状況に持っていくことができ
るであろう。言い換えれば、新たな国際秩序が出現する中で、スリランカの
外交政策上の課題を解決するには、日本が主導するFOIP構想や日本、オー
ストラリア、インドが構築を目指す「サプライチェーン・レジリエンス・イ
ニシアチブ（Supply Chain Resilience initiative：以下、SCRI）」のような枠組
みへの参加が重要になる。また、英米の人権をめぐる「二重基準」問題にス
リランカ有権者（国民）から批判があっても、スリランカ政府は戦略的安全
保障の観点から「英米配慮」のアプローチが必要だと考えるであろう。これ
は、中国のBRI構想への関与が計画通りに進んだ場合でも同様である。つま

り、現在の地政学的状況に対応し、日本のFOIP構想と中国のBRI構想の両方に深く関与する「全方位外交」である。

注

187) Declaration of the Indian Ocean as a Zone of Peace, United Nations, (1971) 入手先：〈https://www.un.org/ru/documents/decl_conv/declarations/indian_ocean.shtml〉閲覧日：2023 年 12 月 22 日。

188) De Silva, S. Decrypting Sri Lanka's 'Black Box' amidst an Indo−China 'Great Game', Journal of the Indian Ocean Region, 2019, pp.1-20.

189) Moonesinghe, P. Playing both Sides of the Fence: Sri Lanka's Approach to the BRI, South Asian Voices（2019）入手先：〈https://southasianvoices.org/both-sides-of-the-coin-sri-lankas-approach-to-bri/〉閲覧日：2020 年 12 月 8 日。

190) しかし、南アジアには、安全保障面で、中国に対抗する米国主導のFOIP構想の役割に期待する国もある一方、パキスタンのように中国への傾斜を強めている国もある。

191) IORA は、1995 年に設立された国際組織で、加盟国域内での貿易と投資の活性化を目的としている。

● 主な参考文献

スリランカ政治に関連する書物をあげ始めると、きりがない。本書の各章で参照したもの（引用文献を除く）や、筆者の手元にある比較的基本書と思われるものをあげておく。

第 1 章

Asada, Sadao. *From Mahan to Pearl Harbor: The Imperial Japanese Navy and the United States*. Annapolis, MD: Naval Institute Press, 2006.

Bandaranayake, Senake, ed. *Sri Lanka and the Silk Road of the Sea*. Colombo: Sri Lanka National Commission for UNESCO and the Central Cultural Fund, 1990.

Brezezinski, Zbigniew. *The grand chessboard: American primacy and its geostrategic imperative*, Basic Book, 1997.

Christian, Spang W. "Revisiting Karl Haushofer at 150- A critical look at the most recent biography", *Outside the Box. The Multilingual Forum*, Vol. 9, No. 1, 2019, pp. 22-33.

Makinder, Halford, J. "The geographical pivot of history", *The Geographical Journal*, 23, 1904, pp. 421-37.

Spykman, Nicholas J. *America's Strategy in World Politics: The United States and the Balance of Power*. London: Routledge, 2007.

第 2 章

Geiger, Wilhelm. Mahavamsa: *Great Chronicle of Ceylon*. Asian Educational Services, 2007.

Gunasinghe, P.A.T. *The Political History of the Kingdoms of Yapahuva, Kurunagala, and Gampala, circa 1270-1400 A.D.* Colombo: Lake House Printers and Publishers, 1987.

Gunawardana, C.A. *Encyclopedia of Sri Lanka*, New Delhi: A.P.H. Publishing, 1997.

Hettiaratchi, S.B. *Social and Cultural History of Ancient Sri Lanka*. Delhi: Sri Satguru Publications, 1988.

Indrapala, K. *The Evolution of an Ethnic Identity: The Tamils in Sri Lanka C.300 BCE to C. 1200 CE.* 2nd rev. ed. Colombo: Vijitha Yapa Publications, 2007.

Liyanagamage, Amaradasa. *The Decline of Polonnaruwa and the Rise of Dambadeniya, circa* 1180-1270 A.D. Colombo: Department of Cultural Affairs, 1968.

Mendis, G.C. *The Pali Chronicles of Sri Lanka. Colombo*: Dr. G.C. Mendis Memorial Fund, 1996.

Samarasinghe, S.W.R. de A. *Historical Dictionary of Sri Lanka*, Lanham, MD: Scarecrow Press, 1998.

Saparamadu, Sumana D. *The Polonnaruva Period*. 3rd ed. Dehiwala: Tisara Prakasakayo, 1973.

Siriweera, W.I. *History of Sri Lanka from the Earliest Times Up to the Sixteenth Century*. Colombo: Dayawansa Jayakody and Company, 2002.

Somaratna, G.P.V. *The political History of the Kingdom of Kotte*. Nugegoda: Deepani Printers, 1975.

第 3 章

Abeyasinghe, Tikiri. *Portuguese Rule in Ceylon, 1594-1612*. Colombo: Lake House Investments, 1966.

Ariyapala, M.B. *Society in Mediaeval Ceylon*. Colombo: Department of Cultural Affairs, 1956.

De Silva, Chandra R. *The Portuguese in Ceylon*, 1617-1638. Colombo: H.W. Cave and Co., 1972.

Ellawala, H.S. *Social History of Early Ceylon*. Colombo: Department of Cultural Affairs, 1969.

Goonewardena, K.W. *The Foundation of Dutch Power in Ceylon, 1638-1658*. Amsterdam: Djambatan, 1958.

Harris, Elizabeth. *Theravada Buddhism and the British Encounter: Religious Missionary and Colonial Experience in Nineteenth-Century Sri Lanka*. London: Routledge, 2006.

Malalgoda, Kitsiri. *Buddhism in Sinhalese Society, 1750-1900*. Berkely: University of California Press, 1976.

Mendis, G.C. *Ceylon under the British*. *Colombo*: Colombo Apothecaries, 1952.

Roberts, Michael. *Sinhala Consciousness in the Kandyan Period, 1590s-1815*. Colombo: Vijitha Yapa Publications, 2004.

Spencer, Jonathan, ed. *Sri Lanka: History and the Roots of Conflict. London: Routledge*, 1990.

Strathern, Alan. *Kingship and Conversion in Sixteenth-Century Sri Lanka: Portuguese Imperialism in a Buddhist Land*. Cambridge: Cambridge University Press, 2007.

Wickramasinghe, Nira. *Sri Lanka in the Modern Age: A History of Contested Identities*. Honolulu: University of Hawaii Press, 2006.

第 4 章

De Silva, K.M. Sri *Lanka's Troubled Inheritance*. *Kandy*: International Centre for Ethnic Studies, 2007.

Darmadasa, K.N.O. *Language, Religion and Ethnic Assertiveness: The Growth of Sinhalese Nationalism in Sri Lanka*. Ann Arbor: University of Michigan Press, 1992.

Ghosh, Partha. *Ethnicity Versus Nationalism: Devolution Discourse in Sri Lanka*. New Delhi: Sage Publications, 2003.

Gunasekara, Prins. *Sri Lanka in Crisis: A Lost Generation*. Colombo: Godage Bros., 1998.

Kearney, Robert. *Communalism and Language in the Politics of Ceylon*. Durham: Duke University Press, 1967.

Kemper, Stephen. *The Presence of the Past: Chronicles, Politics and Culture in Sinhala Life*. Ithaca: Cornell University Press, 1992.

Kodikara, Shelton. *Foreign Policy of Sri Lanka*. Delhi: Chanakya Publications, 1992.

Rupersinghe, Kumar, ed. *Negotiating Peace in Sri Lanka: Efforts, Failures and Lessons*. 2 vols. London and Colombo: International Alert and Foundation for Co-existence, 1998 and 2006.

Spencer, Jonathan. *A Sinhala Village in a Time of Trouble*. Delhi: Oxford University Press, 1990.

Warnapala, Wiswa. *Ethnic Strife and Politics in Sri Lanka: An Investigation into Demands and Responses*. Delhi: Navrang, 1994.

Wickremeratne, Ananda. *The Roots of Nationalism: Sri Lanka*. Colombo: Karunaratna and sons, 1995.

Wilson, A.J. *The break-up of Sri Lanka: The Sinhalese-Tamil Conflict*. Honolulu: University of Hawaii Press, 1988.

---------. *Sri Lanka Tamil Nationalism: Its Origins and Development in 19th and 20th Centuries*. New Delhi: Penguin Books, 2000.

第 5 章
荒井悦代編『内戦後のスリランカ経済 — 持続的発展のための諸条件 — 』アジア経済研究所、2016 年。

清水孝則『世界の資産家はなぜスリランカに投資するのか』幻冬舎、2013 年。

Attanayake, Chulanee. "Power Struggle in the Indian Ocean: Perspective from Sri Lanka." In *Maritime Sri Lanka: Historical and Contemporary Perspectives,* Attanayake, Chulanee (ed.), Singapore: World Scientific Pub Co Inc, 2021.

Joseph Chinyong Liow, Hong Liu, Gong Xue. eds. *Research Handbook on the Belt and Road Initiative*. Edward Elgar Pub, 2021.

Muni, S.D. "Modi's Neighborhood First Initiative." In *Modi and the World: (Re) Constructing Indian Foreign Policy*, Sinderpal Singh(ed.), Singapore: World Scientific Pub Co Inc, 2017.

Pant, H.V. "Chaina Shakes up the Maritime Balance in the Indian Ocean." *Strategic Analysis*. 2012, 36(3): 364-368.

Sahadevan, P. "Sri Lanka's Quest for Maritime Identity in the Post-Civil War Period." In *Maritime Sri Lanka: Historical and Contemporary Perspectives, Attanayake*, Chulanee (ed.), Singapore: World Scientific Pub Co Inc, 2021.

第 6 章
Abeyagoonasekera, Asanga. *Conundrum Of an Island: Sri Lanka's Geopolitical Challenges*. Singapore: World Scientific Pub Co Inc, 2021.

Allison, G. *Destine for War: Can America and China Escape Thucydides Trap*. Houghton Mifflin Harcourt, 2017.

Attanayake, Chulanee. ed. *Maritime Sri Lanka: Historical and Contemporary* Perspectives. Singapore: World Scientific Pub Co Inc, 2021.

Brewster, D. "An Indian Ocean dilemma: Sino-Indian rivalry and Chaina's strategic vulnerability in the Indian Ocean." *Journal of the Indian Ocean Region*. 2015, 11(1): 48-59.

Hensel, H.M., Gupta, A. eds. *Maritime Security in the Indian Ocean and Western Pacific: Heritage and*

Contemporary Challenges. Routledge, 2017.

Kaplan, R.D. "Center Stage for the Twenty-First Century: Power Plays in the Indian Ocean." *Foreign Affairs*, 2009. 88(2): 16-32.

Menon, Shivshankar. India and Asian Geopolitics: The Past, Present. Brookings Institution Press, 2021.

第 7 章

久保田 貢「知っていますか？ 日本の戦争」新日本出版社、2015 年。

五百旗頭 真「日本の近代 6 ― 戦争・占領・講和 1941～1955」中央公論新社、2013 年。

細谷 千博「サンフランシスコ講和への道（叢書国際環境」中央公論新社、1984 年。

桜の花出版編集部「アジアが今あるのは日本のお陰です ― スリランカの人々が語る歴史に於ける日本の役割」星雲社、2009 年。

鈴木康夫「仏教の息づくセレンディップなスリランカ」星雲社、2016 年。

野口芳宣「敗戦後の日本を慈悲と勇気で支えた人 ― スリランカのジャヤワルダナ大統領 ―」銀の鈴社、2017 年。

De Silva, K. M., & Wriggins, W. H. *J.R. Jayewardene of Sri Lanka: a political biography*. University of Hawaii Press, 1988.

Christopher Bayly, Tim Harper. *Forgotten Armies: Britain's Asian Empire and the war with Japan*. Penguin Books, 2005.

Nagao, Satoru. "Japan's Perspective on Sri Lanka as a Maritime Nation." In *Maritime Sri Lanka: Historical and Contemporary Perspectives*, Attanayake, Chulanee (ed.), Singapore: World Scientific Pub Co Inc, 2021.

あとがき ── 謝辞に代えて

　大国がインド洋地域、とりわけ環インド洋の小国に目を向けるのはなぜか。その背景には、地政学的な戦略がある。インド洋地域は、英米をはじめとする大国の「インド太平洋戦略」に不可欠な地域である。中国はスリランカやモルディブを起点にインド洋地域に進出しようとしている。また、インドにとってインド洋は対中戦略上の重要な拠点であるため、英米諸国と連携を図っている。ロバート・D・カプランの「インド洋圏が世界を動かす」という地政学的な考え方に基づくものである。本書もこの視点を裏付けている。

　これまでの国際政治は、「英米をはじめとする大国が、いかにして大国として存続し続けることができるか」という問いと答えに終始してきた。当然のことながら、その過程でかなりの知恵が蓄積されたが、そのほとんどは「大国の、大国による、大国のための国際秩序の構築」に関するものである。

　2024年現在、ヨーロッパ（ウクライナ）と中東（パレスチナ）で2つの戦争が続いている。民間人の犠牲者は増え続け、地球社会は「危機」に直面している。世界の平和と安定に特別な責任を負う国連安全保障常任理事国であるロシアは、ウクライナに侵攻し、英米はイラクやリビアで武力による政権転覆をし、ガザ停戦決議に拒否権を発動した。大国政治によって破壊されるのは人命や暮らしだけではない。深刻なのは、国際人道法が踏みにじられ、規範に対する信頼が損なわれていることだ。「グローバル・サウス」は、ロシアに制裁を課しながらイスラエルには厳しい措置を取ろうとしない英米の「ダブルスタンダード」に異議を唱えている。

　つまり、英米と「グローバル・サウス」の分断はさらに深まり、既存の「国際秩序」の脆弱性が露呈した格好だ。1648年に30年戦争を終結させたウェストファリア条約は、主権国家が主役となる国際関係のシステムを確立させ

た。国家間の平等は広く認められているが、大国が小国に対して優位に立つという弱肉強食の構造は変わっていない。このことは、大国政治の悲劇を繰り返し経験してきたスリランカの事例をみても明らかである。

　今こそ、「大国（米英）」を中心とし、一部の国や人間に有利な「大国の武力」によって維持されている既存の秩序を、「公平で平等な権利」を保障する秩序に変えるときなのだ。さもなければ、世界はより分断され、グローバル・サウスと英米諸国の対立が衝突にエスカレートする危険性が高い。

　先人たちの努力のおかげで、今日の日本は「グローバル・サウス」や英米諸国のさまざまな率直な意見を聞くことができる・聞かせることができる立場にある。日本はこの立ち位置を大切にし、既存の国際秩序の中で見直すべき点を見直す努力をすべきではないだろうか。日本は「大国中心」の国際秩序とどう向き合うべきか。日本の英知も問われている。

　なお、本書の第5章「LTTEの打倒とその後のスリランカの政治 ― スリランカが抱える内憂外患 ―」と第6章「インド洋における大国間競争とスリランカ」は、2021年に刊行した学術論文「インド洋圏における大国間競争とスリランカ ― 内政の特質と外交政策に焦点を当てて ―」の一部を再構成し、加筆訂正したものである。また、本書の第7章「インド太平洋時代の日本とスリランカ関係」でとりあげている内容は、2022年にコロンボ大学から刊行された"ODYSSEY OF PARTNERSHIP 70 years Japan‐Sri Lanka Relations"の 第3章'Japan-Sri Lanka Relations in the Era of Rising China with Reference to Evolving Japan in Indo-pacific'に準拠している。

　本書の出版にあたっては、令和5年度福岡女子大学研究交付奨励金Cを受けることができた。選考にあたってくださった方々に感謝申し上げたい。また8年に及ぶ現地調査も含めた研究の遂行が可能になったのは、福岡女子大学研究奨励金Bと23年も筆者を信頼し、仲良くしてくれている太田勲さんの財政的、精神的支援のおかげである。

　また、出版を快く引き受けてくださった大学教育出版の佐藤守さん、編集をサポートしてくださった宮永将之さんからは大変貴重なご助言を数多く頂

いた。さらには、本書の原稿を読んでくださった福岡女子大学国際文理学部国際教養学科の近藤洋平先生には、大変お世話になった。ここに記して謝辞を申し上げる次第である。

　紙面の都合上、お名前を挙げることができない方々もたくさんいる。多くの方々に支えられて研究を進めたにもかかわらず、誤りや不適切な表現などがまだ残されていると思われる。本書で残された課題に取り組み、研究を発展させることで、多くの方々から賜った学恩に報いたい。

　最後に私事を記すことをお許しいただきたい。まず、多忙にもかかわらず、原稿を読み、励まし、忍耐強く付き合ってくれた妻の淳子に感謝したい。また、日々の成長を通じ、ともすれば折れそうになる私の心を支えてくれた長女桜、次女幸、長男さふん、次男さまんたに心から感謝し、本書の結びとしたい。

2024 年 2 月

福岡県古賀市内の自宅にて

ぱすましり じゃやせーな

■著者紹介

ぱすましり じゃやせーな（Pathmasiri Jayasena）

福岡女子大学国際文理学部国際教養学科教授
1997 年スリ・ジャヤワルダナプラ国立大学卒業（スリランカ）、2007 年
ブラッドフォード大学平和学研究科修士課程終了（英国）、2009 年広島市
立大学国際学研究科博士後期課程修了。2011 年から 2020 年 3 月まで福岡
女子大学国際文理学部国際教養学科准教授、2020 年 4 月より現職。
共著書に、ODYSSEY OF PARTNERSHIP- 70 years Japan – Sri Lanka
Relations（コロンボ大学出版）、『学問キャリアの作り方』（大学教育出版）
などがある。また、最近の論文として、「インド洋圏における大国間競争
とスリランカ ― 内政の特質と外交政策に焦点を当てて ―」（『国際社会
研究』2021 第 10 号、1-26 頁）、「地政学におけるスリランカ ― スリラン
カをめぐる中印の安全保障戦略を中心に ―」（『国際社会研究』2018 第 7
号、61-75 頁）などがある。現在は、スリランカと環インド洋諸国の外交
と安全保障に関心を持って取り組んでいる。専門は国際関係論・平和研究。

地政学から見るスリランカ政治
― 植民地支配、分離独立主義と国民統合問題、政治経済危機 ―

2024 年 3 月 15 日　初版第 1 刷発行

■著　　者——ぱすましり じゃやせーな
■発 行 者——佐藤　守
■発 行 所——株式会社 **大学教育出版**
　　　　　　〒 700-0953　岡山市南区西市 855-4
　　　　　　電話(086)244-1268㈹　FAX(086)246-0294
■印刷製本——モリモト印刷㈱
■Ｄ Ｔ Ｐ——林　雅子

ISBN978-4-86692-283-6